나는
하나님의
심부름꾼입니다

나는
하나님의
심부름꾼입니다

초판발행	2025년 1월 20일
지 은 이	김화분
편 집	이희준
디 자 인	이희준

펴 낸 이	허필선
펴 낸 곳	행복한 북창고
출판등록	2021년 8월 3일 (제2021-35호)

주 소	인천 부평구 원적로 361 216동 1602호
전 화	010-3343-9667
이 메 일	pilsunheo@gmail.com
홈페이지	http://www.hbookhouse.com

판 매 가	13,000원
I S B N	979-11-93231-27-2 (03230)

* 잘못 만들어진 책은 구입하신 서점에서 교환해 드립니다.
* 본 책은 저작자의 지적 재산으로서 무단 전재와 복제를
  금합니다.
* 본 컨텐츠는 한국출판회의의 kopub 서체를 사용하고 있습니다.

나는
하나님의
심부름꾼입니다

김화분 지음

행복한북창고

나님의 약속은 얼마든지 그리스도 안에서 예가 되니 그런즉 그로 말미암아
ㅣ가 아멘 하여 하나님께 영광을 돌리게 되느니라 (고후 1:20)

추천사 ①

　성경에 보면 하나님을 토기장이로, 사람은 토기장이가 만드는 그릇으로 비유한 말씀이 있습니다. 그 말씀에 근거하여 바울 사도는 "우리는 하나님의 작품입니다"라고 말씀했습니다.

　김화분 목사님은 저의 제자로서 저와 함께 하나님의 일을 하는 귀한 동역자이십니다. 저는 김화분 목사님이 쓴 책 『나는 하나님의 심부름꾼입니다』를 읽으면서 김화분 목사님이 하나님이 만든 작품이라는 것을 강하게 실감할 수 있었습니다. 바울 사도는 하나님께서 우리를 하나님의 작품으로 만드시는 목적은 그리스도 예수 안에서 선한 일을 위하여 만드신다고 했습니다. 여러분도 『나는 하나님의 심부름꾼입니다』를 읽어나가면 성경대로 하나님께서 김화분 목사님을 만드신 놀라운 이야기를 읽을 수 있고, 성경대로 그리스도 예수 안에서 김화분 목사님이 행한 수많은 선한 일들을 읽어볼 수 있습니다.

　작가는 작품에 의해 평가되는데, 이 책 속에는 지극히 평범한 슈퍼마켓 아줌마를 세계적인 사역자로 만드신 하나님의 위대함이 잘 나타나고 있습니다. 그리고 하나님이 쓰실 작품을 만드실 때 어떻게 만드는지 잘 알 수 있도록 김화분 목사님이 하나님께서 자신을 만든 이야기를 잘 기록해 주셨습니다. 그래서 이 책을 읽다 보면 하나님께 쓰임 받는 그릇이 되려면 어떻게 해야 하는지 잘 알 수 있게 됩니다.

그러므로 토기장이 되시는 하나님의 손길을 통해 하나님께 멋지게 쓰임 받는 그릇이 되길 바라는 분은 김화분 목사님이 쓴 책 『나는 하나님의 심부름꾼입니다』를 꼭 읽어보시길 권합니다. 성경에 기록된 신비한 영의 세계를 맛보기 원하는 분도 이 책을 꼭 읽어보시길 권합니다. 이 책을 읽을 때 슈퍼마켓 아줌마를 세계를 다니며 멋지게 하나님의 일을 하는 세계적인 김화분 목사로 만드신 하나님께서 여러분도 멋지게 만들어주실 것입니다.

이종선 목사

- 기쁨의교회 담임목사
- 그리스도군대세계선교회 대표
- 한국기독교부흥협의회 54대 회장 역임
- 국제기독교이단대책협의회 상임회장
- "기도가 만든 어메이징 스토리" 저자

추 천 사 ②

    그리스도의 역사는 기도로부터 시작됩니다. 기도가 부흥을 잉태하고 탄생시키며, 기도를 통해 그 시대를 이끌어가는 하나님의 사람이 세워집니다. 인간의 사상도, 역사도, 기억도, 건물도, 명예도, 모든 것들이 소멸되지만 하나님께 올려진 기도는 영원히 남아 빛을 발합니다. 이것이 기도의 힘입니다. 주님의 나라의 영광을 위한 기도, 하나님 나라의 완성을 향한 기도입니다.

    김화분 목사님의 "나는 하나님의 심부름꾼입니다"는 68년의 인생 여정에 주님이 선택하신 기도자의 삶을 기록한 성령 일기입니다.

    하나님은 시대마다 기도하는 사람을 선택하십니다. 그를 찾아가시고 택정하시며, 그의 기도를 통해 동행하시고, 하나님 나라의 완성을 이루어 나가십니다.

    2년 넘게 전 세계 미국, 영국, 이스라엘, 인도, 아프리카 등 과거에 부흥이 있었던 곳들과 지금 부흥이 일어나는 곳을 촬영하고 있습니다. 모든 부흥 역사의 공통점은 기도하는 단 한 사람에게 역사하시는 성령님의 나타나심이라는 결론이 내려집니다. 김화분 목사님은 성령의 나타나심을 증거하고 증언하는 기록자입니다. 삶으로 주님을 증거하는 기도자입니다. 이 책을 통해 기도하는 단 한 사람이 세워지는 역사가 일어날 것을 선포합니다.

마지막 때, AI 인공지능의 시대, 챗GPT의 시대, 동성애 천국인 소돔과 고모라 시대에 하나님은 기도하는 단 한 사람을 찾으십니다. 다윗과 골리앗의 싸움은 단순한 육적인 전쟁이 아니라 세상 세계관과 기독교 세계관의 충돌입니다. 어둠과 빛의 충돌입니다. 역전의 하나님은 기도자를 통해 늘 승리하셨습니다.

그 모든 기록과 감동이 "나는 하나님의 심부름꾼입니다"에 담겨 있습니다. 부흥 영화를 제작하고 촬영하면서 청년 미디어 300 용사의 사명을 주셨습니다. 우리 아비 세대의 마지막 소명은 다음 세대에게 하루 3시간 기도자, 5시간 기도자, 7시간 기도자를 세우는 것입니다.

기도하면, 기도하면, 기도하면 주님이 들으시고, 죄를 사하시며 그 땅을 고치시고, 그 사람과 동행하십니다.

"나는 하나님의 심부름꾼입니다"의 저서를 통해 이 땅의 부흥을 꿈꾸고 선포합니다. 이 책을 읽는 여러분이 바로 그 단 한 사람, 하나님이 캐스팅한 기도자입니다!

The Revival 부흥 영화 제작자 윤학렬 감독

추천사 ③

　　김화분 목사님의 책 "나는 하나님의 심부름꾼입니다"를 받고 그날 저녁 단숨에 다 읽었습니다. 그리고 큰 은혜를 받았습니다. 필자 역시 목사 생활을 35년간 해왔지만, 하나님의 음성을 듣는 일이 내 마음대로 되지 않아 많이 갈급한 편입니다. 이처럼 하나님께 물어보면 즉시로 응답받는 목사님은 처음 보았습니다. 사실 필자가 김화분 목사님을 알게 된 것은 얼마 전(2024년 8월) 캄보디아 다니엘 캠프 때였습니다. 그런데 10월 베트남 호치민 주일학교 교사 세미나를 앞두고 준비하던 중 선교비가 부족해 힘든 상황이었습니다.

　　80여 명의 베트남 수강자들을 위한 풍선 및 인형 제작재료비와 호텔비, 차량비, 식사비 등 푼돈으로는 감당할 수 없는 많은 금액이 필요했습니다. 이상하게 다른 때에 비해 선교 후원비도 많이 들어오지 않아 기도 밖에 할 수 있는 일이 없었습니다. 그런데 갑자기 목사님으로부터 같이 식사하고 싶다는 전화를 받았습니다. 성령님이 내 마음에 "이분이 네 선교비를 도와줄 것이다"라는 영음을 주셨습니다. 베트남으로 출국하기 사흘 전 식당 앞에서 만났는데, 목사님은 얼굴에 가난이나 근심, 고생의 그림자라고는 전혀 없는 밝은 웃는 얼굴로 저에게 다가왔습니다.

식사 후 목사님이 건네준 헌금 봉투에는 30만 원이 들어있었습니다. 물론 베트남 선교비로 모자란 부분을 충분히 채웠고, 베트남 선교를 위해 너무 잘 썼습니다. 개인적으로 목사님을 만난 것은 초면이었지만, 어떻게 내 형편을 이렇게 다 아는 걸까? 몹시 궁금했는데, 이 책을 읽고 나서 그 의문이 풀렸습니다. 책 제목 그대로 김화분 목사님은 정말 하나님의 심부름꾼이었습니다.

　그동안 죄송한 말씀이지만, 필자는 여목사님에 대해 조금 안 좋은 편견을 가지고 있었습니다. 먼저 여목사님들이 대부분 충분한 신학교육이 부족하다는 편견과, 두 번째로 재물에 대해 너무 인색하고 이기적이라는 편견이었습니다. 그동안 몇몇 여목사님을 겪으면서 갖게 된 안 좋은 편견이었는데, 김화분 목사님을 만나면서 그런 안 좋은 편견이 사라졌습니다. 김화분 목사님은 나와도 비길 수 없는 충분한 신학교육과 상담학을 공부해 실제 목회와 영적 치유 사역에 활용하고 계심에 놀랐습니다. 게다가 무엇보다 기도를 통해 주님과 영적 대화가 자유로운 것이 참으로 부럽습니다.

　식사하면서 대화를 하던 중, 목사님은 어떤 방언이든 들으면 즉시 통역이 가능하다고 하여 더욱 놀랐습니다. 책을 읽으면서 성령의 감동을 받으면 언제든 큰 헌금도 즉시로 내놓으시는 스케일에 놀랐습니다. 추천사를 쓰는 필자 역시 가난 속에 자란 터라 물질에 자유롭지 못한 부족함이 있음을 고백합니다. 또한 이 책을 읽으면서 이렇게 물질에 대해 자유롭고 아낌없이 베풀 줄 아는 목회자가 대한민국에 몇 명이나 있을까 하는 생각이 들었습니다.

목사님의 인생을 통해 하나님의 풍성함과 주님을 위해 심으면 거둔다는 확신을 가지고 사시는 목사님의 살아있는 믿음이 느껴집니다. 하나님은 사람의 크기대로 복을 주시는 것 같습니다. 부디 이 책을 읽는 모든 분들이 책을 읽는 것으로 끝나지 말고, 김 목사님의 삶을 본받아 멋있게 베푸는 삶을 사셨으면 좋겠다는 생각으로 이 책을 추천합니다.

아가페세계선교회 회장 김홍영 목사
(자서전 "천국은 마치"의 저자. 어린이찬양 150여곡 작사)

추 천 사 ④

김화분 목사님의 〈나는 하나님의 심부름꾼입니다〉 세상에 나오게 됨을 진심으로 축하드립니다. 제가 목사님을 만나게 된 것은 하나님의 인도였습니다.

저는 "질그릇 속에 담긴 은혜"라는 자서전을 쓰고 전국에 간증 집회를 다니고 있습니다. 그리고 매일 독서와 글쓰기를 하면서 자기 계발을 합니다. 저는 책을 쓰고 독서하면서 인생이 바뀌었습니다. 그래서 간증이 있는 분들을 만나면 꼭 책을 쓰라고 권면하곤 했습니다. 그리고 저는 하나님께 책 코칭 할 만한 사람을 연결해 달라고 기도하고 있었습니다. 그런데 서로의 필요를 아시고 하나님께서 저와 목사님을 만나게 해주신 것입니다.

목사님의 살아온 이야기를 들으면서 저는 책 제목이 바로 떠올랐습니다. 김화분 목사님은 하나님의 심부름꾼입니다. 자신을 전혀 내세우지 않으시고 오직 주님의 도구로만 쓰임 받기를 기도해왔고 그렇게 살아왔습니다. 목사님은 하나님 아버지의 심부름을 아주 잘하십니다. 아버지가 어떤 일을 시켜도 아멘! 하고 순종합니다. 사람들과 상담할 때도 하나님이 주신 메시지를 가감 없이 전달합니다. 하나님의 사랑을 흘려보낼 때도 항상 음성을 듣고 그대로 순종합니다. 전화를 받고, 카톡을 확인할 때도 항상 하나님께 묻고 받으라면 받습니다. 무슨 말을 하거나 어떤 결정을 할 때도 항상 하나님께 여쭙습니다.

목사님의 삶을 생각하면 생각나는 찬양 가사가 있습니다.

하나님의 꿈이 나의 비전이 되고
예수님의 성품이 나의 인격이 되고
성령님의 권능이 나의 능력이 되길
원하고 바라고 기도합니다

김화분 목사님의 삶과 신앙의 흔적이 담긴 이 책을 읽어보시길 추천합니다. 그리고 고민이 있다면 상담을 해보시길 바랍니다. 너무 사랑이 많으신 귀한 목사님이십니다.

이희준 코칭 작가 (질그릇 속에 담긴 은혜의 저자)

프롤로그

저는 하나님의 심부름꾼입니다. 이것이 저의 정체성입니다. 저는 여러 가지로 부족한 사람입니다. 25년 동안 슈퍼마켓 아줌마로 살았습니다. 그리고 나이 50이 넘어 하나님의 부르심을 받고 신학교의 문을 두드렸습니다. 가정일과 슈퍼마켓 운영 그리고 교회사역을 하면서 힘들게 공부했습니다. 너무 힘들어서 포기하고 싶을 때도 많았습니다. 하지만 저는 나를 죽기까지 사랑하시는 주님의 은혜에 사로잡혀 묵묵히 이 길을 걸어왔습니다.

제 나이 68세입니다. 이제 70을 앞두고 있습니다. 세월이 화살과 같이 빨리 흘러가고 있습니다. 하나님 앞에 갈 날이 점점 가까워져 오고 있습니다. '앞으로 난 어떻게 살아야 할까?' 고민하면서 기도하는데, 하나님께서 책을 쓰라는 감동을 주셨습니다. 하나님께 받은 은혜와 사랑을 글로 써서 사람들에게 알리라고 하셨습니다. 처음에는 너무 두려웠습니다. '나 같은 사람이 어떻게 책을 쓸까? 책 쓸 내용이나 있을까? 혹시 하나님의 영광을 가리는 것이 아닐까?' 별별 생각이 저를 괴롭혔습니다.

하지만 저는 다른 것은 잘 못 하지만 심부름은 잘합니다. 아버지가 시키면 이해가 안 가도, 말이 안 돼도 무조건 아멘! 합니다. 그리고 책을 쓸 수 있도록 돕는 자를 보내달라고 기도했습니다. 그런데 우연히 구미 꿈이 있는 교회 김리브 전도사님이 이희준 목사님을 소개해 주었습니다. 그분의 책 코칭을 받으면서 책을 쓰게 되었습니다. 그리고 하나님께서 출판 비용도 모두 채워주셨습니다. 하나님은 미션을 주시고 제가 아멘! 하면 항상 모든 것을 준비시켜 주셨습니다.

이 책은 3부로 구성되어 있습니다. 1부는 저의 신앙고백입니다. 하나님의 종으로 부름을 받기 전 까지 제 인생과 신앙에 관해서 쓴 글입니다. 2부는 주의 종으로 부름을 받고 열린문교회를 개척하고 사역한 이야기가 기록되어 있습니다. 3부는 제가 그동안 했던 상담사역을 정리한 내용입니다.

자서전을 쓰면서 제 인생을 돌아보게 되었습니다. 인생의 희로애락과 굽이굽이 걸어온 나의 인생길이 한 편의 드라마처럼 펼쳐져 있었습니다. 제 인생을 두 문장으로 요약하면 다음과 같습니다. "나의 나 된 것은 하나님의 은혜로다." (사도바울의 고백) "여호와는 나의 목자시니 내게 부족함이 없으리로다." (다윗의 고백)

자서전을 쓰는 것은 어려우면서도 은혜스러웠습니다. 내 부끄러운 모습을 드러내는 것이 힘들었습니다. 하지만 나의 부족함을 통해서 하나님의 은혜가 나타나 사람들에게 위로와 용기를 줄 수 있기를 기도하면서 책을 썼습니다. 이 책을 읽는 독자 여러분에게 하나님의 은혜가 가득하기를 바랍니다.

2024년 12월
하나님의 심부름꾼 김화분 목사 드림

목 차

추천사   4
프롤로그   13

Part 1
김화분 목사의 신앙고백

어머니의 기도 – 자녀를 위한 축복의 통로	22
천막 교회 개척 이야기	26
25년간 슈퍼마켓 아줌마로 살다	29
슈퍼 아줌마의 비밀데이트	33
밤샘 기도의 비밀	37
그가 내니라	40
전도는 제 삶의 목적입니다	42
두 딸을 지켜주신 하나님	44
불같은 시험을 이기다	49
시험을 이긴 비결	54
말씀을 이루는 삶	56
가장 좋아하는 말씀	59
튀니지 선교여행을 가다	64

기도 응답의 비밀	68
두 딸의 엄마를 향한 회상과 고백	70
남편 안일동 안수 집사의 간증	77
달빛 속에 하늘의 은혜 / 김규희	82

Part 2
김화분 목사의 목회이야기

나는 네가 필요하다	86
교회 개척을 하다	89
개척교회 지원하기	94
사명자 키우기	97
택시 전도	100
하나님 나라를 확장시키는 전도	104
생활전도	107
축복의 통로가 되다	110
심은대로 거두리라	116
필리핀 선교 이야기	119

인천 기쁨의 교회 협력 사역자	122
질병으로 쓰러지다	128
여정에 담긴 이야기 / 김윤경 시인	132

Part 3
김화분 목사의 상담이야기

방구석 소심이 상담사가 되다	136
치유 상담	138
방구석 청년 밖으로 끄집어내다	144
폭력에 시달리는 자녀들을 위한 상담	148
개척교회 목회자 상담	152
취업 상담	156
이혼 상담	161
하나님의 뜻을 구하는 상담	163
자살 상담	167
귀신들림 상담	173

불임 상담	180
하나님의 음성 듣기	183
예언 사역	187
♬ 노래: 하나님의 심부름꾼	194
에필로그	196

Part 1

김화분 목사의 신앙고백

시편 23:1
여호와는 나의 목자시니 내게 부족함이 없으리로다

어머니의 기도 – 자녀를 위한 축복의 통로

1956년, 한국은 6.25 전쟁의 상처를 간신히 딛고 일어나고 있던 시기였습니다. 전쟁의 폐허 속에서 사람들은 가난과 절망에 시달리며 새로운 삶의 터전을 마련하기 위해 애쓰고 있었습니다. 그런 사회적 분위기 속에서도 저는 충남 당진의 아름다운 서해 바닷가 근처에서 태어났습니다. 이곳은 나에게 어린 시절의 사랑과 추억이 가득한 고향이었습니다.

당진은 넓은 논밭과 푸른 바다로 둘러싸인 작은 어촌 마을이었습니다. 바다에 나가면 파도가 부서지는 소리가 귀를 간지럽히고, 바람에 실려 오는 짭조름한 바다의 향기가 가슴 깊이 스며들었습니다. 해가 떠오르는 아침, 바다 위로 금빛 물결이 일렁이며 새로운 하루의 시작을 알렸습니다. 그 광경은 마치 희망의 상징처럼 느껴졌습니다.

하지만 그 아름다움 속에는 전쟁의 여파로 남겨진 아픔이 있었습니다. 많은 사람이 가족을 잃고, 재산을 잃었으며, 고향을 떠나야 했습니다. 마을은 전쟁의 상처로 인해 경제적으로 어려운 상황이었고, 생계유지를 위해 많은 이들이 고된 농사일에 나서야 했습니다. 논밭에서는 사람들이 열심히 일하고 있었고, 그 모습은 힘겨운 현실을 견디는 사람들의 결의를 보여주고 있었습니다.

내 어린 시절, 마을 사람들은 서로를 돕고 함께 힘든 시간을 이겨내기 위해 애썼습니다. 어머니는 매일 아침 일찍 일어나 기도를 드리며 우리의 안전과 행복을 기원했습니다. 그 기도는 마치 고난 속에서의 작은 희망의 불꽃과 같았습니다. 우리는 가난했지만, 서로를 아끼고 의지하며 살아가는 공동체의 힘을 느꼈습니다.

저는 어렸을 때 많은 고난을 겪었습니다. 중학교 1학년 때 아버지를 잃었습니다. 아버지는 술을 좋아하셨고 간암으로 힘든 시간을 보내시다 세상을 떠나셨습니다. 아버지의 죽음은 나를 깊은 슬픔에 빠뜨렸고, 그 슬픔은 1년 후 어머니의 죽음으로 이어졌습니다. 어머니는 피부병으로 고생하시다가 하늘로 떠나셨고, 그 모습은 너무 고통스러웠습니다.

저는 10남매 중 하나로 태어났지만, 아버지의 죽음 이전에 두 명의 오빠가 먼저 세상을 떠났습니다. 우리는 무속신앙을 믿는 종갓집에서 자라며 굿과 제사로 가득한 환경 속에서 성장했습니다. 두 오빠의 죽음은 우리에게 큰 충격이었고, 막내 오빠가 예수를 믿기 시작하면서 우리는 무속신앙에 대해 회의를 느끼고 예수를 믿기로 결심하게 되었습니다.

어머니는 제가 초등학교 시절부터 예수를 믿으셨고, 아버지 또한 마지막에는 예수님을 영접하셨습니다. 하지만 아버지의 삶은 술과 도박으로 얼룩져 있었습니다. 그렇게 힘든 삶 속에서도 우리는 10남매 중 7명이 살아남았고, 저는 그중 6번째 아이가 되었습니다.

어머니는 교회를 나가기 시작하시면서 동시에 새벽 기도를 하셨습니다. 초저녁에 주무시고 새벽 2시에 일어나 콩밭에서 일하고, 2시간 동안 기도하신 후 새벽기도를 나가셨습니다. 전깃불도 없는 새까만 밤, 지나가는 길에 상엿집이 있어서 머리가 쭈뼛하고 설 정도로 무서운 기분이 들었습니다. 교회까지는 멀어서, 호롱불을 들고 4킬로미터를 걸어갔습니다. 하루도 빠짐없이 그렇게 다녔습니다.

어머니의 기도가 6년 동안 쌓여 하나님께 상달되었고, 우리는 그 은혜를 경험하게 되었습니다. 하나님께서 나중에 저에게 가르쳐 주셨습니다. "너의 어머님이 기도를 많이 해놓으셔서 지금 너희들이 축복받고 있다." 저는 그 말씀에 큰 깨달음을 얻어 어머니의 기도를 본받아 나도 자녀들을 위해 기도해야겠다고 결심했습니다.

어머니는 새벽 기도를 가면서 환상을 보신 듯했습니다. 불도 없는 캄캄한 밤인데 교회로 가는 길에 꽃길이 환하게 밝혀졌다며 항상 말씀하시곤 했습니다. 교회가 보일 정도가 되면 겨울에도 몸이 따뜻해지는 느낌이 들었고, 하나님이 불기둥처럼 인도하시는 것 같았습니다.

얼음을 깨고 물로 세수하시며 새벽기도를 나가신 어머니는 힘든 삶 속에서도 7남매를 잘 키우셨습니다. 그 덕에 우리는 각자의 길에서 축복을 누리며 잘 성장할 수 있었습니다.

내 인생은 고난으로 가득했지만, 어머니의 꾸준한 기도와 믿음 덕분에 축복으로 가득한 삶으로 나아갈 수 있었습니다. 이제 나는 그 배움을 통해 더 많은 사람에게 사랑과 기도의 힘을 나누고 싶습니다.

천막 교회 개척 이야기

저는 초등학교 저학년 때부터 신앙생활을 시작했습니다. 결혼하기 전까지 특별한 영적 체험 없이 평범한 신앙생활을 했습니다. 하지만 저에게도 처녀 시절 잊을 수 없는 추억이 있습니다.

당시 저는 경기도 부천에서 직장생활을 하고 있었습니다. 그 시절에는 교회가 많지 않았고, 직장에서 제일 가까운 교회를 찾다 보니 개척교회를 가게 되었습니다. 흙바닥에 천막을 치고 열악한 환경에서 교회를 시작했습니다. 담임목사님과 저를 포함해서 청년 5명이 개척 회원으로 아주 미약하게 출발했습니다.

우리는 날마다 작은 기적을 경험하며 신앙의 길을 걸어갔습니다. 비바람이 불면 밧줄을 붙잡고 천막을 움켜잡으며 눈물도 흘리고, 그 안에서 서로 격려하며 하나가 되었습니다. 교회에는 화장실도 없어서, 쌀가게와 연탄 가게를 운영하시는 장로님 댁 화장실을 이용해야 했습니다. 그런데도 교회는 점점 부흥하게 되었습니다.

당시 아이들은 순수해서 길에서 만나 전도하고 교회에 가자고 하면 잘 따라왔습니다. 그리고 부천에 공장이 막 들어설 때여서 청년들이 많앉는데, 그들 중 일부가 교회를 찾아왔습니다. 그들이 직장 동료들을 전도하면서 청년부가 70명이 되었습니다.

천막교회 시절 교인들

당시 교회에는 프로그램도 별로 없고 시설도 열악했는데, 사람들이 그렇게 몰린 이유는 무엇일까요? 아이들이나 청년들이 갈 곳이 별로 없었기 때문입니다. 옛날에는 사람들이 순수했고, 오늘날처럼 문화생활을 할 것이 많이 없었습니다. 그런데 교회에 오면 만남도 있고, 게임, 연극, 노래도 하고 선물도 주니까 사람들이 많이 모였습니다. 물론 하나님의 은혜와 성령의 역사가 있었기 때문이었습니다.

저는 주일학교 교사, 성가대 대원, 청년부 부회장으로 활발하게 활동했습니다. 개척교회를 섬기면서 느낀 보람은 이루 말할 수 없었습니다. 주일학교 분반 공부할 때 한 반에 학생이 20명이었습니다. 월급을 타면 간식을 사주고, 아이들과 함께 식사하며 웃음을 나누던 순간들은 제 인생의 소중한 기억으로 남아 있습니다.

처녀 시절에 섬겼던 그 개척교회는 지금은 2천 명이 모이는 대형교회인 〈꿈마을 엘림교회〉로 성장했습니다. 그곳에서 처음 만난 친구들과의 특별한 인연은 지금까지도 이어져 매년 2박 3일 여행을 함께 다닙니다.

가장 큰 보람을 느낀 순간은 개척 30주년 기념일에 개척 멤버들을 초청했을 때였습니다. 그때 주일학교에서 가르쳤던 아이들이 이제 모두 결혼하였습니다. 주일학교 학생들이 부모님을 전도해 집사가 되고 권사가 되며 장로가 된 모습을 보며 저는 감격의 눈물을 흘렸습니다. 그들이 나를 알아보고 "선생님!"이라고 부르는 모습은 저에게 큰 보람을 느끼게 했습니다. 제가 주안에서 했던 모든 노력과 기도의 열매라고 생각하며 감사한 마음이 가득했습니다.

꿈마을 엘림교회

25년간 슈퍼마켓 아줌마로 살다

저는 어린 시절부터 병치레를 많이 하여 몸이 약했습니다. 그런 저를 동생이 보디가드처럼 지켜주었습니다. 고무줄놀이를 하다가 짓궂은 남자아이들이 칼로 끊고 도망가면, 동생이 대신 때려주었습니다. 동생은 키도 크고 덩치도 좋았으며, 인물도 뛰어나고 머리도 아주 똑똑했습니다. 반면 저는 소심하고 존재감이 없었습니다. 늘 방구석에서 조용히 지냈기 때문에 고향 사람들도 저를 잘 기억하지 못합니다.

중학교 2학년 때 부모님을 모두 잃고 서울에 있는 언니 집으로 가게 되었습니다. 그곳에서 일하며 생계를 이어갔고, 검정고시를 통해 중고등학교를 마쳤습니다. 그러던 중 중매로 만난 남편과 24살에 결혼하게 되었고, 경북 구미에 신혼살림을 차렸습니다.

아이 둘을 낳고 살았는데, 자녀들이 초등학교 2~3학년 때 남편이 직장에서 어려움을 겪었습니다. 너무 괴롭고 힘들다면서 사표를 내고 싶다고 했습니다. 그래서 그렇게 하라고 했더니, 미래에 대한 대책도 없이 직장을 그만두었습니다. 남편에게 "여보, 그동안 고생했어. 휴가라고 생각하고 푹 쉬어. 그리고 직장을 알아보자"라고 했습니다.

남편과 함께 성경도 읽고 기도도 하면서 앞으로 할 일을 찾아보기 시작했습니다. 어느 날 백화점에 갔는데, 그곳에서 우연히 지인을 만나게 되었습니다.

"화분씨, 오랜만이네. 잘 지냈어?"
"네, 그럭저럭 지내고 있어요."
"얼굴이 좋으신데, 뭐 좋은 일이라도 있으셨나 봐요?"
"하하하. 슈퍼마켓을 했는데 대박이 났어. 장사가 잘돼서 돈을 많이 벌어서 더 넓은 곳으로 이전하려고 해."
"너무 부럽네요. 마침 저희 남편이 직장을 그만두고 일자리를 찾고 있는데, 슈퍼마켓을 저에게 파실래요?"
"그래, 잘됐네. 남에게 파는 것보다 화분 씨한테 팔면 더 좋지. 화분 씨도 이곳에 와서 장사하면 금방 부자가 될 거야."
"고마워요. 그럼 제가 남편과 정식으로 계약하러 갈게요. 절대 다른 사람에게 팔면 안 돼요."
"알았어. 기다릴 테니 걱정하지 마."

집에 와서 남편에게 슈퍼마켓을 인수하자고 이야기했습니다. 그런데 직장생활만 했던 남편은 장사에 대한 두려움이 있어서 못 하겠다고 했습니다. 남편은 그 슈퍼마켓이 장사가 잘되는지, 우리가 인수하여도 되는지 기도해보자고 했고, 응답받은 후에야 슈퍼마켓을 인수했습니다.

그곳에서 우리는 2년 동안 열심히 일했습니다. 하루도 쉬지 않고 새벽 6시부터 자정까지 일하며 돈을 많이 벌었습니다. 처음에는 작은 슈퍼에서 시작했지만, 2년 후에는 두 배로 확장하게 되었습니다. 그리고 아파트도 33평짜리를 사게 되었습니다.

남편이 직장을 다닐 때는 싸울 일이 없었습니다. 그런데 슈퍼를 운영하면서 함께 일하다 보니 남편과의 갈등이 생기기 시작했습니다. 의견 충돌이 잦아졌고, 저는 마음고생이 심했습니다. 계속 이렇게 살다가는 이혼할 것 같은 불안감이 생겼습니다.

어느 날 물건을 정리하려고 냉장고 앞에 서 있는데, 하나님께서 "남편은 하늘"이라고 말씀하셨습니다. 그러면서 에베소서 5장 22~23절 말씀이 생각났습니다. "아내들이여 자기 남편에게 복종하기를 주께 하듯 하라. 이는 남편이 아내의 머리됨이 그리스도께서 교회의 머리됨과 같음이니 그가 바로 몸의 구주시니라."

그것이 제가 처음 들은 하나님의 음성이었습니다. 그런데 그 말씀이 며칠 동안 제 귓전을 맴돌았습니다. 그래서 저는 고백했습니다. "하나님! 제가 하나님 말씀에 순종하고, 가정을 지키겠습니다."

남편은 회사 다니던 시절, 자재 관련 책임자로 근무하여 숫자에 밝았습니다. 아침에 물건을 구매하면 저녁에 다 팔아야 하고, 월초에 들어온 물건은 월말에 다 팔아야 했습니다. 장부 정리를 얼마나 꼼꼼하게 하던지 하루 매출, 주 매출, 월 매출, 연 매출을 한눈에 볼 수 있도록 깔끔하고 정확하게 정리했습니다. 그 틀에 나를 가두고 일하라고 하니 숨이 막힐 때가 많았습니다.

그렇게 25년이라는 긴 세월 동안 저는 우물 안의 개구리처럼, 유리 안의 인형처럼, 다람쥐 쳇바퀴 돌 듯이 제자리걸음을 하며 살았습니다. 집, 교회, 일 외에는 아무것도 모르는 삶이었습니다. 가게를 하루도 비울 수 없어서 문화생활이나 취미생활, 여행은 꿈도 꿀 수 없는 상황이었습니다. 그렇게 저는 창살 없는 감옥에서 60살까지 슈퍼마켓을 운영했습니다.

"손을 게으르게 놀리는 자는 가난하게 되고, 손이 부지런한 자는 부하게 되느니라." (잠언 10장 4절)

슈퍼 아줌마의 비밀데이트

처음 슈퍼마켓을 시작할 때, 하나님은 저에게 기도 훈련을 시키셨습니다. 손님이 없을 때마다 계산대에 앉아 성경을 읽고, 남편과 교대한 후 집에 돌아가 기도했습니다. 기도하다 보니 영안이 열리기 시작했고 방언의 은사도 주어졌습니다. 하루는 방언으로 깊이 기도하며 손을 들고 있었는데, 남편이 저를 미쳤다고 말했습니다. 영적으로 깊이 들어가면서 신기한 경험을 많이 하게 되었습니다.

슈퍼마켓을 운영하면서 남편과 충돌하고 힘든 시간을 보내던 중, 기도를 시작하면서 여러 가지 신비로운 현상들이 일어나기 시작했습니다. 어떤 때는 방언을 하는데 절제가 되지 않았습니다. 그래서 성경을 읽을 때도 방언으로 읽었고, 구역 공과도 방언으로 읽게 되었으며, 주기도문과 사도신경, 찬양까지 방언으로 하게 되었습니다. 그때마다 하나님의 임재가 더욱 강하게 느껴졌고, 성경 말씀이 살아 움직이는 것을 경험했습니다.

어느 날 기도 중 성령의 강력한 임재가 느껴지며, 하나님께서 언니에게 전화하라는 감동을 강하게 주셨습니다. 그 시간이 자정이었고, 전화하면서 언니에게 방언이 절제되지 않아서 그대로 말했습니다.

언니는 제 방언을 우리말로 알아들었습니다. 제가 언니에게 "조카가 걸어?"라고 물었고 언니가 "응, 걸어"라고 대답했습니다. 조카는 2살 때부터 초등학교 입학할 때까지 쭉 걷지 못했었는데 7년 동안의 끈질기고 간절한 기도를 통해 혼자 걷게 되는 기적이 일어난 것입니다.

부모들이 그렇듯, 언니는 병든 조카를 키우며 가슴 아픈 날들의 연속이었습니다. 특히 조카가 취학 통지서를 받았을 때는 마치 사형선고장을 받은 것 같다고 했습니다. 그 말을 들은 저는 가슴이 너무 아팠고 언니가 안타까워 그 이후로 더욱 열심히 기도하게 되었습니다.

기도 중에 '조카가 걸을 수 있을 것'이라는 감동을 주셨고, 그날 밤 통화로 조카가 걸을 수 있게 된 것을 알게 되었습니다. 옆에서 부축하거나 업어서 등·하교하던 아이가 이제는 혼자 걸을 수 있게 된 것입니다. 그 후 조카는 완벽히 치료된 것은 아니지만, 혼자서 일상적인 생활을 할 수 있게 되었습니다.

성령님이 강하게 임재한 후, 처음으로 기적을 체험하며 하나님이 신유의 은사를 부어주셨다는 사실에 감사함을 느꼈습니다. 저는 낮에는 온종일 슈퍼에서 일하고 밤에는 집에서 밤샘 기도를 이어갔습니다. 그런데 10분만 자도 초롱초롱하게 깨어있었고, 피곤하지 않았습니다.

"여호와를 앙망하는 자는 피곤치 않고 새 힘을 얻으리라"는 말씀을 그대로 체험하게 되었습니다.

기도하면서 과거에 지었던 죄들을 회개하게 되었고, 눈물은 수도꼭지를 틀어놓은 것처럼 쏟아졌습니다. 회개하며 울고, 감사하며 울고, 기뻐서 울고, 행복해서 울었습니다. 기도 시간이 너무나도 행복했기에 매일 밤이 기다려졌습니다.

눈물이 너무 많이 나와 얼굴이 헐어서 화장을 못 할 정도였습니다. 하나님의 깊은 은혜를 받고 나서 세상이 달라 보였습니다. 달빛과 풀포기조차 너무 아름답게 보였고, 세상의 모든 것이 새롭게 느껴졌습니다. 처음으로 그런 체험을 했습니다.

그전에는 교회 생활을 열심히 했지만, 존재감 없이 항상 구석에서 예배를 드렸습니다. 지금 생각해보니 그때는 종교 생활을 했던 것입니다. 하지만 이제는 인격적인 하나님을 만나고 거듭나 새사람이 되었으며, 영적인 세계가 열리는 기적을 경험했습니다. 새들의 울음소리, 나무가 사그락거리는 소리, 바람 소리까지도 하나님께 영광을 돌리는 음악처럼 들렸습니다.

버스를 타고 가다가도 하나님께서 저를 깨우시고, 벚꽃이 활짝 핀 곳을 보게 하셨습니다. 방언으로 찬양이 흘러나왔습니다. 주님과 함께 춤을 추고, 믿는 자들에게 성령이 하시는 일들을 이야기해주면 그들이 행복해하는 모습을 보며 저도 기쁨을 느꼈습니다.

계속 밤을 새우면서 기도하던 어느 날, "저는 언제까지 이렇게 해야 하나요? 돈도 벌어야 하고 아이들 교육도 시켜야 하는데... 이 은사를 거두어가 주세요"라고 기도하게 되었습니다. 그때는 그 은사가 얼마나 귀한지 몰랐습니다. 그때부터 하루에 3시간만 기도하게 하셨고, 다시 첫사랑을 회복시키기 전까지 몇십 년 동안 하루 3시간씩 기도하게 하셨습니다.

슈퍼마켓을 하면서 남편과의 갈등과 다람쥐 쳇바퀴 도는 삶의 답답함 속에서 저는 기도할 수밖에 없었습니다. 저는 낮에 쌓였던 스트레스를 밤에 하나님과 영적인 교제를 하면서 풀었습니다. 그 시간은 저에게 행복하고 달콤한 시간이었습니다. 돌이켜보면, 하나님이 슈퍼마켓을 하게 하신 것은 저를 훈련하기 위함이었습니다. 광야 훈련의 시간 속에서 하나님을 더 깊이 만나게 하셨습니다.

밤샘 기도의 비밀

저에게는 예쁜 두 딸이 있습니다. 첫째 딸은 음악 교육을 전공했고, 둘째 딸은 바이올린을 전공했습니다. 두 아이가 대학교를 졸업하고 자립한 후, 제 삶은 새로운 국면을 맞이했습니다. 첫사랑을 회복하는 기적이 제게 찾아온 것입니다. 그때가 14년 전, 제 나이 54살 때였습니다.

그때부터 저는 처음 은혜를 받았을 때처럼, 밤새도록 기도하며 하나님과 깊은 교제를 나누기 시작했습니다. 낮에는 남편이랑 슈퍼에서 온종일 일했습니다. 제 남편은 현실적이고 논리적인 성격을 가졌습니다. 반대로 저는 감성적이고 영적이기 때문에 많이 부딪혔습니다. 그런데 하나님이 "제 남편이 하늘"이라고 할 때부터 저는 제 자아를 죽이는 자신과의 싸움을 시작하게 되었습니다. 기도 없이 하루만 지나면 내 자아가 살아나고 더 힘들었습니다. 그때부터 하나님이 저를 훈련시킨 것 같습니다. 저는 사도바울처럼, 매일 십자가에 내 자아를 못 박는 훈련을 해야 했습니다.

슈퍼 일이 밤에 끝나면 남편은 잠이 듭니다. 그때부터 저는 예수 신랑을 만나기 위해서 냉방으로 들어갑니다. 왜냐하면 일하고 난 후 피곤

해서 잠이 들까 봐 온풍기도 틀지 않고 겨울 파카를 입고 기도했습니다.

사람들은 저에게 "밤새도록 무슨 기도를 하느냐?"고 묻곤 합니다. 자기네들은 한 시간 기도하는 것도 너무 힘든데 어떻게 밤새워 기도할 수 있느냐고 묻습니다. 사실 육성 기도로 하루에 몇 시간씩 기도하는 것은 힘듭니다. 저는 주로 방언 기도를 하므로 오랫동안 기도할 수 있습니다.

하나님께서 전 세계 사람들을 위해서 기도시키십니다. 저도 모르는 사람들의 얼굴을 떠올리게 해주십니다. 백인종, 흑인종, 황인종 등 다양한 인종의 사람들을 위해서 기도시킵니다. 또한 무수히 많은 나라와 민족을 위해서 기도하게 하십니다.

어떨 때는 스포츠 스타나 연예인들을 떠올리게 해서 기도시킬 때도 있습니다. 그리고 불교를 믿은 사람들이나 무속신앙을 가지고 있는 사람들을 위해서도 기도하게 하십니다. 그러니까 밤새도록 기도해도 기도할 거리가 계속 나오는 것입니다.

그리고 제가 어떤 기도 제목을 정해놓고 기도하는 것이 아니고, 성령님의 깊은 임재속에서 하나님이 인도하시는 대로 합니다. 그래서 기도 가운데 방언 통변이나 예언이 나오기도 합니다.

많은 사람이 방언을 하면서 무슨 뜻인지 몰라서 지루해하거나 답답해서 중간에 그만두는 경우가 많습니다. 하지만 저는 하나님이 기도하는 내용을 가르쳐 주시니까 오래 기도할 수 있습니다. 게다가 사람의 이름이나 사진을 보면 사람의 상태를 알게 해 주시고 어떻게 기도하라고 지시해 주십니다.

처음에는 사람을 위해서 기도해 줄 때 예언이 맞나 틀리나 헷갈리기도 하고 의심도 들기도 했습니다. 하지만, 하나님이 계속 강하고 담대하라고 하셨고, 제가 기도하거나 예언한 내용이 사실로 밝혀지면서 자신감이 생겼습니다. 그러니까 기도하는 것이 재미있어서 더 열심히 기도하게 되었습니다.

또한 상담을 통해서 문제가 해결되니까 신기하기도 하고 감사했습니다. 그래서 때때로 성도들이 나를 무섭다고 느낄 때가 있습니다. 하지만 저는 전지전능한 신이 아닙니다. 하나님께서 가르쳐 주시는 것 만 알 수 있습니다. 그리고 제가 묻지 않으면 하나님께서 가르쳐 주지 않습니다. 하나님은 제가 상담하고 기도할 때 필요한 것을 알려주십니다. 저는 오직 하나님의 도구일 뿐입니다.

그가 내니라

슈퍼마켓에서 일할 때, 어떤 분이 전화로 외상을 부탁했습니다. 그분은 2킬로미터 떨어진 곳에 사는 분이었고, 얼굴도 모르는 분이었습니다. 저는 오라고 했고, 남편에게 만일 어떤 사람이 오면 돈 받을 생각하지 말고 그냥 외상을 주라고 했습니다.

그분이 가게로 와서 우유와 라면, 소주를 외상으로 달라고 해서 소주는 빼고 라면과 우유만 드렸습니다. 칠판에 전화번호를 적어 놓고 갔습니다. 다음 날 고맙다는 전화가 왔지만, 그 뒤로는 다시 연락이 없었습니다. 남편은 그 사람이 신용이 불량하다고 했습니다. 가까운 곳에서 외상을 해야지, 왜 이곳까지 오냐고 말했습니다.

그 후 또 전화가 왔습니다. 이번에는 여자가 전화해서 기저귀와 우유를 부탁해서 외상으로 줬습니다. 얼마 후에 그 여자가 다시 전화해서 쌀을 외상으로 달라고 했습니다. 남편에게 부탁해서 외상으로 배달해주라고 했지만, 남편은 안 된다고 했습니다. 그래서 다른 곳에서 쌀을 사서 배달시켜 보내주었습니다. 그리고 나서 수요 예배에 가서 기도하는데 "그가 내니라"는 말씀을 받았습니다. 저는 깜짝 놀랐습니다. 주님께서 마태복음 25장 말씀처럼 가난한 자의 모습으로 오신다는 것이 진짜임을 체험했습니다.

그 사람이 가게로 또 찾아왔습니다. 이번에는 양담배를 외상으로 달라고 했습니다. 그래서 "주님, 이게 뭡니까? 이래도 줘야 합니까?"라고 기도했습니다. 그러자 주님께서 "이제 그만하라"라고 하셨습니다. 이런 일을 겪으면서 저는 하나님께서 나를 테스트하고 있다는 생각이 들었습니다.

전도는 제 삶의 목적입니다

제가 슈퍼마켓을 할 때 타 종교인들뿐만 아니라 이단들이 많이 찾아왔습니다.

〈전도대화〉
스님: (목탁을 두드리면서) 시주하세요. 극락왕생하세요.
나: 스님, 저는 교회 다니기 때문에 시주를 못 합니다. 대신에 음료수를 드세요. 그리고 예수님 믿어야 천국 갑니다. 하나님은 스님을 사랑하십니다.
스님: (아무 말도 안 하고 빙그레 웃으면서) 하나님은 사랑이십니다. 음료수 감사합니다.

하나님은 중들도, 불자들도 모두 구원받을 영혼이라고 하셨습니다. 그리고 그들을 위해서 밤마다 기도를 많이 시키셨습니다. 그러므로 때를 얻든지 못 얻든지 누구에게나 전도해야 합니다.

어느 날, 어떤 사람이 자기는 산에서 신을 받아서 내려왔다고 하면서, 토정비결을 보라고 합니다. 그래서 저는 예수를 믿는다고 하니까 도망을 갔습니다. 그리고 어느 날, 기도하는데 주님은 "처녀 보살 집에 가서 내 딸 찾아오라"고 말씀하셨습니다. "그들이 살고 싶어서 그것을 하고 있다"라고 하셨습니다. 그래서 저는 전도특공대를 만들어서 무속인들을 전도할 계획을 하고 있습니다.

슈퍼 할 때 대순진리회, 여호와의 증인, 신천지들이 찾아오곤 했습니다. 책자를 놓고 가면 도로 가져가라고 합니다. 그리고 저는 그들에게 예수를 믿으라고 전도합니다.

"당신들, 평생 믿고 전도 열심히 하고 나중에 지옥 가면 어떻게 할 것입니까? 교주를 믿지 말고 예수를 믿으세요."

저는 전도하면서 많은 종류의 사람들을 만났습니다. 그중에는 이단에 속한 사람도 있고 타 종교를 믿는 사람도 있었습니다. 승려도 있고 무속인도 있었습니다. 그런데 하나님은 사람들의 겉모습에 상관없이 오직 그 영혼들이 구원받는 것에만 관심이 있었습니다. 그들의 영혼이 불쌍하다면서 기도하라고 하십니다. 아무리 악인이라고 해도 하나님은 그 영혼을 위해서 기도하라고 하십니다. 김일성, 김정일, 김정은 같은 독재자를 위해서도 기도하라고 하셨습니다. 그래서 저는 지금도 인류 구원을 위해 기도하면서 하나님이 하라는 대로 하고 있습니다. 왜냐하면 저는 하나님의 심부름꾼이기 때문입니다.

* 디모데전서 2장 4절,
『하나님은 모든 사람이 구원을 받으며 진리를 아는 데에 이르기를 원하시느니라.』

두 딸을 지켜주신 하나님

큰딸을 교통사고에서 지켜주신 하나님

하나님께서 저의 기도를 들으시고 두 딸을 지켜주셨습니다. 다음은 첫째 딸이 직접 쓴 글입니다.

저는 대전에서 대학교에 다니고 있었습니다. 집이 구미여서 동생과 함께 대전에서 자취했습니다. 당시 제가 살던 동네는 '대전 발바리' 사건이 일어났던 곳이었고, 제 친구는 혼자 있을 때 도둑과 직접 마주치기도 했습니다. 이제 막 20대가 된 딸들이 떨어져서 사는 것도 걱정스러운데, 나쁜 사건이 많던 동네여서 부모님은 대학을 다니는 4년 내내 하루도 빠짐없이 저희의 안전을 위해 기도하셨다고 합니다.

2003년 12월 28일, 친구를 만나고 집으로 가던 중에 큰 차 사고를 겪게 되었습니다. 대학생 시절, 아버지께서는 동생과 함께 사용하라고 중고 경차를 한 대 사주셨습니다. 동생이 주로 타고 다녔는데, 그날은 제가 차를 사용하게 되었습니다. 저는 대전의 둔산동 왕복 8차선 도로 중 2차선에서 달리고 있었고, 시간은 자정을 향해 가고 있었습니다. 사거리 교차로 신호등이 켜졌고, 1차선은 좌회전 차선이었습니다. 그런데 1차선 좌회전 대기 선에 서 있던 차량이 제가 달리고 있는 2차 직진

차선으로 우회전하고 있었고, 제가 계속 직진하면 1차선의 차와 100% 충돌할 것이 눈에 보였습니다.

순간 너무 아찔해서 다른 차선을 볼 겨를도 없이 핸들을 3차선 쪽으로 꺾었습니다. 그 뒤로 제가 탄 차는 쿵! 쿵! 커다란 충돌음을 내며 몇 바퀴를 회전하였고, 운전석의 의자는 뒤로 크게 젖혀졌습니다. 몸이 거의 눕혀진 상태로 차의 충돌음과 끼익 바퀴 돌아가는 소리를 들으며 뱅글뱅글 도는 차 안에서 '이제 죽는구나. 가족들 얼굴을 한 번도 못 보고 이대로 죽는구나'라는 생각과 함께 눈물이 뺨을 타고 흐르는 것이 느껴졌습니다.

그런데 차가 멈춘 후 제 의식이 그대로 살아있었습니다. 정신을 차리고 차 문을 열려고 했는데 문이 열리지 않았습니다. 사고가 워낙 크게 나서 그런지 주변에 사람들이 꽤 많이 모여 있었고, 몇몇 사람들이 달려와서 열려 있는 운전석 창문을 통해 저를 밖으로 끌어내 주었습니다. 나와 보니 제 차는 제가 앉았던 운전석을 제외한 모든 면이 다 찌그러져 있었고, 뒷바퀴 2개는 빠져서 사라진 상태였습니다. 현장에 있던 사람들은 사고가 너무 심해 제가 죽은 줄 알았다고 했습니다. 현장에는 제 차 말고도 몇 대가 더 있었습니다. 제가 3차선으로 핸들을 꺾으면서 연속으로 다른 차선의 차들과 충돌한 것입니다.

그런데 3차선에 있던 운전자가 "왜 차를 꺾었어요?"라며 저를 탓하는 겁니다. 분명 1차선의 차 때문에 제가 핸들을 꺾게 된 건데, 1차선의 차가 보이지 않았습니다. 알고 보니 1차선의 차 운전자는 현장에서 도주하였고, 제 뒤에 있던 택시 승객이 그 차의 번호판을 보고 신고해 주셨습니다. 다행히 다음 날 범인을 잡을 수 있었지만, 그 사고 원인 제공 운전자는 보상해줄 수 없다는 식으로 매우 뻔뻔한 태도를 보였습니다.

연말이어서 술을 마신 후 운전해서 사고 현장에서 도망갔을 거라는 심증은 강했지만, 증거가 없어서 음주는 증명할 수 없었습니다. 결국 아버지께서 진정서를 넣어 법원까지 가게 되었습니다. 저는 태어나서 처음으로 검사님 앞에서 온종일 조사받은 후에야 보상받을 수 있었습니다. 차는 폐차할 정도로 찌그러졌고, 만약 다른 누군가를 제 차에 태웠더라면 큰 사고로 이어졌을 것입니다. 제 차 뒷바퀴 2개는 모두 빠져서 대각선의 다른 차선에 있던 차들로 날아갔습니다.

그런데 제 몸에는 피 한 방울 나지 않고, 뼈 한 군데 부러지지 않았으며 머리에 가벼운 찰과상만 입었습니다. 어머니께서는 기도 중에 주님께서 "천사 2명이 네 딸을 보호했다"라는 말씀을 들으셨다고 합니다. 정말 이렇게 큰 사고에서 온몸이 멀쩡할 수 있었던 것은 4년 내내 하루도 기도를 쉬지 않으신 어머니와 아버지의 기도 덕분이라고 생각합니다. 그날 이후 저는 매해 12월 마지막 주에 감사 헌금을 드립니다. 죽을 뻔했던 저에게 새 삶을 주신 하나님께, 그리고 매일 기도해주신 부모님께 감사드리는 마음입니다.

작은딸을 지켜주신 하나님

작은딸은 대학에서 바이올린을 전공한 후 승마를 취미로 하고 있었습니다. 그런데 어느 날, 말이 갑자기 알 수 없이 날뛰며 내달리는 바람에 낙마했고 두 번째는 더 심하게 말에서 떨어졌습니다. 크게 부상을 당할 상황이었는데 머리 털끝 하나 다치지 않았습니다. 기도하는데 하나님께서 "내가 네 딸이 떨어질 때 받았다"라고 말씀하셨습니다. 저는 하나님의 은혜에 너무 감사를 드렸습니다.

그때 하나님께서 딸에게 이런 메시지를 주셨습니다. "너는 이 승마장에 가지 말라. 이 승마장에 있는 말들은 아픈 말을 치료해서 사용하고 있으므로 이런 말들을 타다 보면 사고가 나서 평생 불구로 살 수 있다." 그 후부터 딸은 승마장에 다니지 않았습니다. 이처럼 두 딸이 사고로 크게 다칠 수도 있었지만, 하나님이 위기 때마다 보호해 주시고, 보이지 않는 하나님의 손이 지키셨습니다.

저는 이번 일을 통해서 다시 한번 깨달았습니다. 기도하면 영적인 세계가 움직입니다. 하나님이 천사를 보내주셔서 구하시고 지키십니다. 제가 기도할 때 가끔 천사들이 일하는 것을 보여주십니다. 저희 부부가 날마다 자식을 위해서 기도하니 그것이 쌓여서 자녀들에게 복으로 흘러갑니다. 우리가 일일이 자식을 지킬 수 없지만, 하나님께 맡기고 기도하면 하나님이 일하십니다.

불같은 시험을 이기다

14년 전 만으로 54세일 때, 하나님이 성령의 임재를 강하게 느끼게 하셨고, 그 덕분에 제 영안이 활짝 열렸습니다. 하지만 이 과정에서 혼란을 겪었습니다. 하나님께서 제게 가슴에 십자가를 그리라고 하셨고, 그렇게 했더니 손톱으로 긁어서 상처를 낸 것처럼 보였습니다. 그로 인해 남편과 아이들은 제가 자해를 했다고 생각했습니다.

가족들은 제가 정상이 아닌 듯 보이자 악한 영에 사로잡혔을지도 모른다고 생각하여 급하게 보혈 찬송 앨범을 구입하여 틀어놨습니다. 가족들의 증언에 의하면 저는 보혈 찬송에 맞추어 지휘하고 하나님을 찬양하면서 너무 좋아했답니다. 사람들이 이해할 수 없는 말들을 하고 머리는 산발에 누가 봐도 제정신이 아닌 몰골이었다고 합니다. 또한 일주일 넘게 못 자고 못 먹었는데도 기력이 전혀 쇠하지 않았습니다.

제 상태가 이상한 것 같아 가족들은 그 당시 다니던 교회 목사님을 집으로 모시기로 하였고 저에게는 전혀 이야기하지 않았습니다. 그런데 목사님이 거의 도착할 때쯤 그 사실을 전혀 모르고 있던 제가 "목사님이 집으로 온다"라고 이야기했다고 합니다.

둘째 딸이 그 당시 새로 알게 된 친구가 있었는데 엄마인 저에게는 전혀 이야기 한 적도, 사진을 보여준 적도 없었습니다. 그런데 제가 둘째 딸에게 요즘 새로 연락하는 친구에 대해 언급하며 그 친구의 외모에 대해 구체적으로 언급했다고 합니다. 전혀 이야기하지 않았던 딸의 새로운 친구에 대해 알고 있고 외모에 대해 매우 정확하게 묘사하니 딸은 매우 놀랐습니다. 이렇게 제가 전혀 알 수 없는 상황에 대해 너무 잘 아는 일들이 여러 번 일어나자, 당시 가족들은 무섭기도 하고 뭐가 뭔지 알 수 없는 충격에 휩싸였습니다.

사람들에게 제가 하나님과 대화한다고 했더니 "무슨 하나님과 얘기하냐"라고 하며 저를 정신 이상자로 취급했습니다. 담임 목사님도 심방을 와서 기도해 주었는데, 제가 이상한 얘기를 하니까 정신 이상자로 생각했습니다.

어느 날 기도하는데, 하나님께서 "마지막 때가 가까이 왔다. 회개하라"고 하시며 잠자는 영혼들을 깨우라 말씀하셨습니다. 그래서 저는 아무 곳이나 전화해서 하나님의 메시지를 전했습니다. 그러자 전화를 받은 어떤 사람은 경찰에 신고하겠다고 했습니다. 또 어떤 사람은 "할렐루야, 자기도 교회를 다닌다"라는 얘기를 했습니다. 그리고 방언으로 찬양하고 지휘하면서 혼자 4부 찬양을 다 했습니다. 그러자 남편이 담임목사님께 상의하고, 저를 데리고 기도원에 갔습니다. 그런데 기도원 원장이 못 데리고 있겠다고 얘기해서, 이번에는 저를 정신병원에 데리고 갔습니다.

병원차가 와서 세 사람이 저를 태우고 병원으로 갔습니다. 그래서 "나는 미치지 않았어요. 정상이에요. 그러니 정신병원에 안 갈 거예요."라고 소리쳤습니다. 하지만 그들은 저를 묶으려고 했습니다. "날 묶지 마세요!"라고 외치며 머리를 풀어 헤치고 그냥 걸어 병원에 들어갔습니다.

저는 1인 독방에 가두어지고, 간호사가 약을 한 주먹 가져왔습니다. 저는 먹지 않으려고 했지만, 강제로 먹여서 그 자리에서 정신을 잃었습니다. 깊은 잠이 들었습니다. 그리고 제 의지와는 상관없이 모든 일이 진행되었습니다.

그런데 과거에 정신과 간호사였던 사모님이 "권사님은 여기 계시면 안 된다. 퇴원을 해야 한다."라고 가족에게 얘기했습니다. 그래서 퇴원해서 섬기던 교회 지하실에 데려다 놓았습니다. 나중에 친구에게 제 소식을 알렸더니, 낮에 고속버스를 타고 광주에서 교회까지 찾아왔습니다. 그 친구는 낮에는 일하고 밤에는 신학을 공부하고 있었습니다. 그 친구가 도착했을 때 저는 속에 있는 모든 것을 배설물로 다 쏟아내고 정신을 잃은 상태로 친구 집으로 가게 되었습니다. 3일 후에야 정신이 돌아오기 시작했고 잃어버린 기억을 서서히 더듬어가며 "1, 2, 3, 4.. 아 에 이 오 우" 글을 읽는 연습을 했습니다.

친구가 방을 하나 내줘서 저는 하나님과 독대하게 되었습니다. 당시 사탄은 저에게 말을 걸었고, 주님도 말씀하셨습니다. 사탄이 말을 할 때는 목이 찢어질 듯 아팠고, 가슴이 터져나갈 것처럼 아팠습니다. 하지만 주님께서 말씀하실 때는 평안함이 느껴졌습니다. 그렇게 저는 사탄과 하나님의 음성을 분별할 수 있게 되었습니다. 그리고 저는 과거에 성경을 많이 읽었기 때문에 영분별을 할 수 있었고, 시험을 이길 수 있었습니다.

저는 성경의 복음서를 읽으면서 내게 임한 시험이 예수님이 겪은 시험과 비슷하다는 것을 알게 되었습니다. 예수님도 세례요한에게 세례를 받고 성령이 비둘기 같이 임하셨습니다. 그 후에 성령에 이끌려 40일 금식하시고 사탄의 시험을 받으셨습니다. 그때마다 예수님은 하나님의 말씀으로 시험을 이기셨습니다.

저 역시 친구 집에 있으면서 처음에는 금식하다가 조금씩 소식을 했습니다. 그런데 기도하면서 하나님께서 친구 집에 있던 문제를 해결시켜 주셨습니다. 친구의 남편 차가 고장이 나서 일을 할 수 없게 되자, 대출을 내서 새 차를 사려고 했습니다. 하지만 대출이 안 되었습니다. 저도 도와주고 싶었지만, 방법이 없었습니다.

그런데 하나님이 제 동생에게 감동을 주셔서, 친구에게 돈을 주겠다고 하였습니다. 낮에는 세탁 아르바이트를 하면서 신학 공부를 하는 것을 보고 '이런 사람은 주의 종으로 키우면 영혼을 살리는 사람이 되겠다'라는 마음이 들어서 경제적인 지원을 해주려고 했습니다. 병원에서도 고치지 못하고, 담임목사님과 기도원에서도 해결하지 못하는 문제를 언니가 친구와 함께 있으면서 해결되는 것을 보고, 동생이 감동을 받았습니다.

하지만 친구는 처음에는 부담스럽다면서 받지 않겠다고 했습니다. 사실 제 친구는 차를 위해서 2천만 원을 놓고 기도하고 있었습니다. 그런데 나중에 동생에게 주려고 하는 액수를 물어보니 2천만 원이라고 하자, 하나님께서 예비한 물질이라고 생각하게 되었습니다. 그래서 동생이 주는 돈을 받아서 차와 컴퓨터를 사고 신학교 등록금도 냈습니다.

저는 친구 집에 있으면서도 계속 가슴이 아팠습니다. 그동안 하나님이 계속 영분별 훈련을 시키셨습니다. 그러나 시험이 찾아온 지 40일 만에 평안함이 찾아오면서 그 증상이 멈추고 괜찮아졌습니다. 마치 거짓말처럼 사라졌습니다. 하나님께서 저에게 말씀하셨습니다. "교회에 가면 사람들이 돌았다고 이야기하는데, 괜찮겠냐?"라고 하셨습니다. 그때 저는 "주님께서 저와 함께하신다면 괜찮습니다."라고 했습니다. 실제로 교회에 가니 사람들이 수군거렸지만 저는 아무렇지도 않았습니다.

시험을 이긴 비결

사람들이 나중에 저에게 "어떻게 사탄의 시험을 이겼느냐?"고 물었습니다. "예수님이 시험받을 때, 말씀으로 이기신 것처럼 저도 그 방법으로 이겼습니다."라고 대답했습니다. 예수님이 세례를 받으시고 성령이 임하시고 광야에서 사탄의 음성을 들었을 때, 말씀으로 그 음성을 물리쳤습니다. 이 과정은 40일 동안 지속되었습니다.

저도 예수님과 비슷한 과정을 겪었습니다. 금식하며 굶주렸고, 사탄의 시험을 받아 고통을 겪었으며, 3일 동안 기억이 정지되고 죽을 뻔한 상황에 이르기도 했습니다. 그러나 말씀을 붙잡고 기도하고 말씀으로 그 고통을 이겨냈습니다. 그래서 성경을 읽는 것이 중요하다고 믿습니다. 저는 성경의 한 장에서 1~2구절을 가지고 온종일 묵상하기도 했습니다. 읽으면서도 이해가 안 되면 하나님께 질문을 던졌습니다.

하나님은 영원불변하시고 살아계시기 때문에 성경의 일들이 지금도 일어날 수 있다는 확신이 들었습니다. 저는 사탄의 시험으로 너무 힘들 때는 예수님처럼 "엘리 엘리 라마 사박다니…" (이 말은 아람어로, "나의 하나님, 나의 하나님, 어찌하여 나를 버리셨나이까"를 의미합니다. 마 27:46) 라는 절규의 기도가 절절히 흘러나왔습니다.

40일 시험 후에 주님이 말씀하셨습니다. "하늘에는 영광이요 땅에는 기쁨이다. 수고했다. 사랑하는 내 딸아! 다 이루었다. 시험을 다 통과했다. 사람들이 귀한 은사를 받고 너무 빨리 변질하여서 담금질을 심하게 했다. 네가 힘들 때 (예수님의) 피묻은 포대기에 싸서 안고 왔고, 네가 아플 때 피묻은 포대기에 싸서 업고 왔고, 네가 기쁠 때는 어깨에 무동 태우고 춤추면서 왔단다. 고난 중에도 너와 함께 했고, 세상 끝날까지 너와 함께 하겠다."

그 고백을 듣던 날, 하나님의 사랑에 너무 감동되어서 온 집안이 떠나갈 정도로 울었고, 창자가 끊어질 정도로 목소리가 나오지 않을 때까지 기진하고 울면서 기도했습니다. 하나님은 저뿐 아니라 여러분 모두를 이렇게 사랑하십니다.

말씀을 이루는 삶

예수님이 마지막으로 제자들에게 남긴 유언과 같은 명령이 있습니다.

"18. 예수께서 나아와 말씀하여 이르시되 하늘과 땅의 모든 권세를 내게 주셨으니 19. 그러므로 너희는 가서 모든 민족을 제자로 삼아 아버지와 아들과 성령의 이름으로 세례를 베풀고 20. 내가 너희에게 분부한 모든 것을 가르쳐 지키게 하라. 볼지어다 내가 세상 끝날까지 너희와 항상 함께 있으리라 하시니라." (마 28:18-20)

위의 명령에서 제 마음에 가장 와 닿은 말씀은 "가르쳐 지키게 하라"입니다. 저의 영적 스승이자 멘토이신 인천 기쁨의 교회를 담임하는 이종선 목사님께서 항상 강조하는 말씀이 있습니다.

『하나님의 말씀은 이루어진다. 하나님의 말씀은 이루어내는 말씀이다. 하나님의 말씀은 하나님과 하나님을 믿는 사람이 함께 이루어내는 것이다.』

저는 이 가르침을 듣고 많은 깨달음을 얻었습니다. 저를 포함해서 많은 기독교인이 성경 말씀을 열심히 읽고 배웁니다. 그런데 그 말씀을 내 삶 속에서 실천하고 이루어내는 것에는 약합니다. 그래서 세상 사람들에게 많은 욕을 먹습니다. 그러면 어떻게 하면 성경 말씀을 이루어내는 삶을 살 수 있을까요?

첫째, 기도를 통해서 하나님의 말씀을 이루어낼 수 있습니다. 하나님의 말씀을 이루어내는 것은 나 혼자만의 노력으로 되는 것이 아닙니다. 하나님이 도와주셔야 합니다. 말씀을 붙잡고 기도할 때 기도가 빨리 이루어집니다. 또한 성령의 음성을 들으면서 순종해야 합니다. 그럴 때 내 삶에 하나님의 말씀이 이루어지는 기적을 체험할 수 있습니다.

둘째, 말씀을 이루어내기 위해서는 인내해야 합니다. 말씀을 이루어내는 과정은 쉽지 않습니다. 중간에 포기하고 싶더라도 예수님의 씨뿌리는 비유를 생각하십시오. 75%는 말씀을 이루어내지 못했지만, 25%는 말씀을 이루어냈습니다. 하나님의 말씀을 상징하는 씨에는 문제가 없습니다. 말씀을 듣는 사람의 마음 밭이 문제입니다. 누가복음 8장 15절에서 말씀을 이루어 내는 삶의 비결을 다음과 같이 얘기합니다. "좋은 땅에 있다는 것은 착하고 좋은 마음으로 말씀을 듣고 지키어 인내로 결실하는 자니라."

셋째, 공동체와의 연합입니다. 믿음의 공동체와 함께할 때, 서로의 은혜와 경험을 나누며 더 큰 힘을 얻을 수 있습니다. 함께 기도하고 말씀을 나누며 서로를 격려하고 돕는 것이 중요합니다. 히브리서 10장 24~25절에서 "서로를 살피어 사랑과 선한 일을 격려하며, 모이기를 폐하는 일이 없도록 하라"고 말씀하신 것처럼, 공동체 안에서 신앙을 함께 나누는 것이 말씀을 이루는 데 큰 도움이 됩니다.

저는 삶 속에서 많은 하나님의 말씀을 이루어냈습니다. 그 말씀들은 제가 수없이 경험하고 체험하였기 때문에 능력이 있습니다. 그 말씀들을 소개해 드리겠습니다.

저자의 손때 묻은 성경책

가장 좋아하는 말씀

아래 성경 구절들은 제가 가장 좋아하고 늘 외우면서 묵상하는 말씀입니다. 이것은 내가 먹고, 체험하고, 내 안에 이루어진 말씀입니다. 여러분도 말씀이 내 삶에 이루어지는 인생을 살기를 바랍니다.

1. 요한복음 13:34-35
성경 구절: "새 계명을 너희에게 주노니 서로 사랑하라. 내가 너희를 사랑한 것 같이 너희도 서로 사랑하라. 너희가 서로 사랑하면 이로써 모든 사람이 너희가 내 제자인 줄 알리라."

의미: 예수님은 사랑을 통해 제자들의 정체성을 확립하라고 말씀하십니다. 서로 사랑하는 것이 그리스도인의 가장 중요한 사명입니다.

2. 데살로니가전서 5:16-18
성경 구절: "항상 기뻐하라. 쉬지 말고 기도하라. 범사에 감사하라. 이것이 그리스도 예수 안에서 너희를 향하신 하나님의 뜻이니라."

의미: 힘든 일이 있으면 기도가 막힙니다. 그러므로 어려운 상황 속에도 하나님의 계획을 믿고 기뻐하고 감사할 때 사탄이 틈타지 못하고

승리할 수 있습니다. 그리고 힘든 일들이 감사의 조건으로 바뀝니다.

3. 시편 23:1
성경 구절: "여호와는 나의 목자시니 내게 부족함이 없으리로다."

의미: 기도 중에 이 말씀이 내 입에서 나오면 감사가 계속 나오고 그 후에 하나님이 제가 필요했던 모든 것들을 채우십니다.

4. 빌립보서 4:13
성경 구절: "내게 능력 주시는 자 안에서 내가 모든 것을 할 수 있느니라."

의미: 우리의 힘은 하나님께서 주시는 능력에서 나옵니다. 그분의 도우심으로 어떤 어려움도 극복할 수 있다는 믿음을 강조합니다. 제가 자존감이 낮아져 있을 때, 목회하지 않으려고 발버둥 칠 때 주신 말씀입니다.

5. 여호수아 1:9
성경 구절: "내가 네게 명령한 것이 아니냐 강하고 담대하라. 두려워하지 말며 놀라지 말라. 네가 어디로 가든지 네 하나님 여호와가 너와 함께 하느니라 하시니라."

의미: 하나님은 우리가 두려워하지 않고 담대하게 나아가도록 격려

하십니다. 그분의 동행하심이 우리에게 힘을 줍니다.

6. 요한삼서 1:2
성경 구절: "사랑하는 자여, 네 영혼이 잘됨 같이 네가 범사에 잘되고 강건하기를 내가 간구하노라."

의미: 영혼이 잘되고 건강한 것이 범사가 잘되고 육체적으로 건강해지는 비결임을 얘기하고 있습니다.

7. 이사야 41:10
성경 구절: "두려워하지 말라 내가 너와 함께 함이라. 놀라지 말라 나는 네 하나님이 됨이라. 내가 너를 굳세게 하리라 참으로 너를 도와주리라. 참으로 나의 의로운 오른손으로 너를 붙들리라."

의미: 하나님은 고난 속에서도 우리를 지키시고 도와주신다는 약속입니다. 제가 환난 받을 때 하나님께서 주신 말씀입니다.

8. 요한복음 14:12
성경 구절: "내가 진실로 진실로 너희에게 이르노니 나를 믿는 자는 내가 하는 일을 그도 할 것이요 또한 그보다 큰 일도 하리니 이는 내가 아버지께로 감이라."

의미: 믿는 자들은 예수님과 같은 사역을 수행할 수 있으며, 그 이

상의 일도 할 수 있다는 약속입니다. 이는 믿음의 힘을 강조합니다.

9. 에베소서 3:20
성경 구절: "우리 가운데서 역사하시는 능력대로 우리가 구하거나 생각하는 모든 것에 더 넘치도록 능히 하실 이에게."

의미: 하나님은 우리가 상상할 수 있는 것 이상으로 역사하시고, 우리의 필요를 채워주실 수 있는 분입니다. 제가 생각만 해도 하나님께서 응답하시는 것을 늘 체험하며 살고 있습니다.

10. 요한복음 15:7
성경 구절: "너희가 내 안에 거하고 내 말이 너희 안에 거하면 무엇이든지 원하는 대로 구하라. 그리하면 이루리라."

의미: 이 구절은 예수님께서 제자들에게 하신 말씀으로, 하나님과 깊은 관계를 강조합니다. 이러한 관계 속에서 기도하면, 하나님께서 우리의 기도를 응답하실 것이라는 약속을 담고 있습니다.

11. 창세기 22:14
성경 구절: "아브라함이 그 땅 이름을 여호와 이레라 하였으므로 오늘날까지 사람들이 이르기를 '여호와의 산에서 준비되리라' 하더라."

의미: "여호와이레"는 "주께서 준비하시다"라는 뜻으로, 하나님께

서 필요한 것을 미리 준비하신다는 믿음을 나타냅니다. 신학교 갈 때, 개척할 때, 성전 확장할 때 저에게 주신 말씀입니다. 이 말씀을 주시면 반드시 하나님께서 준비시켜 놓으신 것을 체험하게 됩니다.

12. 시편 39:7

성경 구절: "주여! 이제 내가 무엇을 바라리요 나의 소망은 주께 있나이다."

의미: 주님 외에는 더 바랄 것이 없다는 뜻입니다. 주님 안에 모든 것이 들어있기 때문입니다. 나이가 들어갈수록 주님만 더 소망하게 됩니다.

13 시편 119:105

성경 구절: "주의 말씀은 내 발에 등이요 내 길에 빛이니이다."

의미: 어두운 세상에 주님의 말씀을 빛과 등으로 삼고 살아가야 한다는 의미입니다. 그리고 하나님의 말씀은 삶의 방향과 목적에 대해 분명한 이정표를 설정해줍니다.

튀니지 선교여행을 가다

저는 결혼 후 몇십 년 동안 슈퍼마켓 안에 갇혀서 하루도 쉬지 않고 일만 했습니다. 매일 집, 교회, 슈퍼만 왔다 갔다 하면서 다람쥐 쳇바퀴 도는 삶을 살다 보니까 우울증이 오고 삶이 너무 답답하고 지치게 되었습니다. 그러자 하나님은 저에게 출애굽을 하라고 하시면서 튀니지 선교여행을 가라고 하셨습니다. 사실 그것이 저의 첫 해외여행이었습니다.

저는 마음이 설레서 남편에게 얘기했더니 반대하면서 가고 싶으면 이혼 도장을 찍어놓고 다녀오라고 했습니다. 저는 남편이 너무 원망스러웠습니다. 그래서 저는 고집을 부리면서 가겠다고 했습니다. 갈 돈도 없었는데 인천에 사는 언니가 선교비를 대준다고 했습니다.

언니는 인천에서 횟집을 하고 있었습니다. 어느 날 전화가 와서 이렇게 얘기했습니다.

"화분아! 오늘 예약 손님이 100명이 들어오고, 3일간 예약 손님이 방마다 꽉 찼어. 이건 하나님이 하신 일이야!"

그렇게 하나님은 언니에게 복을 주셔서 한꺼번에 선교비를 채워주셨습니다. 언니는 이제까지 장사하면서 그런 일이 처음이라고 했습니다. 튀니지 선교여행을 다녀온 10일 후에 또 똑같은 일이 일어났습니다. 하나님은 이것은 보너스라고 말씀하셨습니다. 하나님은 참 멋있는 분이십니다. 하나님이 원하는 곳에 물질을 심으면 반드시 몇 배를 거두게 해주십니다.

저는 선교단체 사람들과 함께 2010년에 3주간 튀니지로 선교여행을 갔습니다. 튀니지는 헌법에서 이슬람교를 국가 종교로 명시하고 있으며, 인구의 약 99%가 수니파 이슬람교를 믿고 있습니다. 기독교, 유대교, 바하이 신앙 등 다른 종교는 튀니지 인구의 약 1%를 차지하고 있으며, 주로 외국인들이 믿고 있습니다. 튀니지 내에서 외국인의 종교 활동은 보장되지만, 튀니지인을 대상으로 한 선교 활동은 금지되어 있습니다.

그래서 저희는 문화탐방을 온 것처럼 행동했습니다. 사람들이 우리를 보고는 구경하러 몰려들었습니다. 그러면 저희는 사람들에게 아랍어로 된 전도지와 사도신경과 주기도문을 읽어보라고 나누어 주었습니다. 또한 찬양도 가르쳐 주었습니다.

그리고 어떤 사람들은 우리를 집으로 초대해서 마치 천사를 대접하듯이 먹여주고 재워주었습니다. 우리는 그들에게 얼굴에 팩도 해주고, 마사지도 해주고, 네일 아트도 해주고 복음을 전하였습니다.

저는 매 순간 하나님께 물으면서 전도했습니다. "하나님, 어디 가야 준비된 영혼을 만날 수 있습니까?" "어디 어디로 가라." 그렇게 음성을 듣고 가서 복음을 전하니까 백발백중이었습니다.

복음을 전하고 나서, 어떤 청년이 약혼한다고 하여 제가 차고 있던 50만 원 상당의 시계를 풀어서 선물로 주기도 했습니다. 어떤 집에서는 복음을 전하고 나서 일행이 찬송과 성경이 들어간 MP3를 중학생 아이에게 선물로 주었습니다. 그런데 거기에 앞으로 가정교회가 세워진다고 주님께서 말씀하셨습니다.

현지인들은 이슬람 신자들이지만 순수하게 복음을 잘 받아들였습니다. 어떤 곳은 과부댁이라고 하시면서 경제적으로 어려우니 장을 봐서 가라고 하셨습니다. 가서 음식을 해 먹었는데, 방부제가 안 들어간 밀가루로 만든 빵이라서 너무 맛있었습니다.

하나님께서는 제가 가는 곳마다 놀라운 성령의 역사를 나타내 주셨습니다. 어떨 때는 즉석에서 성령의 영감을 받아 찬양을 만들고, 튀니지 선교사님이 바로 기타 반주를 하면서 노래를 불렀습니다. 전도팀 한 사람 한 사람에게 찬양의 시를 주시면서 그 사람들을 회복시켜 주셨습니다.

프랑스어를 가르치는 고등학교 선생님 집에 갔을 때는 이슬람 신자였지만 저희를 잘 대접해 주었습니다. 그래서 제가 기도해주고 싶다고 하니까, 해달라고 했습니다. 그런데 선생님의 부인이 위암을 앓고 있었습니다. 그래서 제가 기도했는데, 하나님이 치유했다고 하셨습니다. 그리고 선생님의 부인과 딸이 몸이 다 나아 아프지 않다는 얘기를 주고받았습니다. 할렐루야!!

튀니지는 자연환경이 너무 아름다웠습니다. 공해가 없고, 바닷물이 너무 맑았습니다. 야채와 먹거리들도 모두 무공해였고 방부제를 넣지 않아서 건강에 좋았습니다. 저희는 3주동안 선교를 하면서 몸과 마음도 치유되고 건강해졌습니다. 팀원 중에 영락교회 다니는 권사님이 마음에 많은 상처가 있었는데 그곳에서 치유받고 선교에 대한 비전을 받아서 튀니지로 선교를 떠났습니다.

저는 튀니지 선교여행을 다녀온 후, 하나님께서 알제리와 이집트에 가라고 했는데, 남편이 반대했습니다. 그래서 제가 하나님께 기도했습니다. "남편이 반대하는데 어떻게 합니까?" "이번에는 네가 남편에게 순종하라"고 하셨습니다.

튀니지 선교여행은 제 인생에 놀라운 경험이었고 새로운 돌파구를 마련해 주었습니다. 앞으로 저는 세계 곳곳을 다니면서 선교를 하고 싶습니다.

기도 응답의 비밀

기도는 하나님과 깊은 대화이자, 그분과의 관계를 표현하는 중요한 수단입니다. 우리가 하나님께 기도할 때, 하나님은 우리의 필요를 아시고 그에 따라 응답하십니다. 저는 수십 년 동안 말씀과 기도, 찬양이 쌓여 지금은 제가 생각만 해도 이루어지는 놀라운 경험을 하고 있습니다. 그 비밀을 짧게 나누고 싶습니다.

하나님께서는 "네가 생각하는 것 이상으로 채워주신다." (엡 3:20)는 약속을 하셨습니다. 말씀은 반드시 이루어집니다. 우리는 하나님을 감동시키기 위해 노력해야 하며, 그분의 말씀대로 살아가는 것이 중요합니다. 예수님이 말씀하신 "네 이웃을 내 몸같이 사랑하라"는 교훈은 우리 삶의 근본이 되어야 합니다. 힘든 이웃이 있을 때, 작은 도움이나 따뜻한 말 한마디라도 그들에게 감동을 줄 수 있습니다. 또한 마태복음 25장의 말씀처럼, 주린 자에게 먹을 것을 주고, 헐벗은 자에게 입을 것을 주고, 병든 자를 돌보고, 감옥에 갇힌 자를 방문하는 것입니다. (마 25:34-40)

그리고 어떤 문제에 직면했을 때, "예수님이라면 어떻게 하셨을까?"라는 질문을 자신에게 던져보세요. 자신의 욕망이나 편안함을 따라 행동하기보다는, 주님이 기뻐하시는 방향으로 나아가는 것이 신앙의 본질입니다. 하나님을 감동하게 하면 우리의 기도가 응답받는 길이 열립니다. 예를 들면, 아브라함이 이삭을 바쳤을 때 하나님께서는 그 믿음에 감동하셨고, "너의 자손이 하늘의 별처럼 많으리라"는 약속을 주셨습니다. (창 22:1-19)

삶과 예배는 따로 있는 것이 아닙니다. 우리가 말씀대로 살고자 할 때, 하나님은 필요한 것을 공급하시고, 적절한 사람들을 만나게 하십니다. "신통, 인통, 물통"은 우리의 신앙생활을 통해 누리는 축복의 상징입니다. 신통은 하나님과의 관계가 막힘없이 통하는 것을 의미하고, 인통은 인간과의 관계가 열리는 것을 뜻하며, 물통은 물질적인 문제도 해결된다는 의미입니다. 즉, 하나님과의 관계가 화목할 때, 사람들과의 관계도 원활해지고, 물질적인 필요도 채워진다는 것입니다.

결국, 하나님과 깊은 관계 속에서 우리의 기도가 응답받는 길이 열리며, 우리가 바라던 것 이상으로 이루어지는 기적을 경험하게 될 것입니다. 우리의 삶이 하나님께 영광을 돌리는 예배가 되고, 사랑과 섬김으로 가득한 삶이 되기를 기도합니다.

두 딸의 엄마를 향한 회상과 고백

큰딸의 회상과 고백

어머니는 단 4글자로 표현할 수 있는 분입니다. 저의 어머니이지만, 감히 '신사임당', '현모양처'라는 네 글자로 표현할 수 있습니다. 아버지께서는 저에게 엄마처럼 '솜씨, 마음씨, 맵시'를 모두 가진 사람이 되라고 말씀해 주셨습니다. 제 머릿속에 '어머니'라고 하면 떠오르는 기억들은 늘 기도하시던 모습과 자식과 남편을 위해 헌신하시던 모습입니다.

먼저 지금 제가 행복한 삶을 살 수 있도록 이끌어주신 어머니의 자녀 교육에 관해 쓰고 싶습니다. 감사하게도 제가 하고 싶은 일을 직업으로 삼을 수 있게 된 것은 온전히 어머니의 기도와 교육열 덕분입니다. 6살 무렵, 어머니께서 저의 한글 공부를 직접 가르쳐 주신 기억이 선명합니다. 특히 한글을 예쁜 점자 글씨로 직접 만들어 주셔서 저에게 쓰게 해주셨는데, 그때 '내가 엄마가 되면 저렇게 손수 교재를 만들어서 내 아이를 가르칠 수 있을까?'라는 생각을 했습니다. 물론 지금은 저도 한 아이의 엄마가 되었지만, 어머니처럼 그렇게 하지는 못했습니다. 사교육의 힘을 빌렸지요.

제가 초등학교 1~2학년을 다닐 무렵에는 전래동화 전집과 함께 음성으로 읽어주는 테이프 세트도 사주셔서 제가 책을 좋아하게 된 계기가 되었습니다. 어머니는 당신이 이루지 못한 '피아니스트'라는 꿈을 제가 꽃피우기를 바라셨습니다. 어머니의 숨겨진 재능을 물려받아서인지 몰라도 음악은 뭐든 자신 있었습니다. 어릴 적 잘 때면 늘 피아노 클래식 음악을 틀어주셨고, 5살부터 피아노 레슨을 받도록 해주셨습니다. 초등학생 때는 방과 후 수업으로 바이올린을 배웠는데, 그 또한 재미있었고 교내 대회에서는 1등을 하기도 했습니다. 중학생 때 전공을 결정해야 했을 때는 노래, 바이올린, 피아노 중에서 고민할 정도로 음악을 좋아했습니다. 결국 가장 오랫동안 배운 피아노를 선택하게 되었고, 예술고등학교에 진학할 수 있었습니다.

고3이 되었을 때, 어머니께서는 집안 형편이 어려워 서울로 레슨을 보내줄 수 없다고 미안해하셨습니다. 서울의 대학에 입학하려면 서울에서 레슨을 받는 것이 필수 과정이었지만, 저는 서울로 레슨을 못 가는 것이 전혀 서운하지 않았습니다. 예고 선생님께만 레슨을 받고 입학하게 된 대학은 '음악 교육과'가 있는 지방 대학이었습니다. 음악 선생님이 될 수 있는 자격증을 취득할 수 있는 과였습니다. 하지만 철없던 저는 '피아노 학원을 개업하면 되지 뭐'라는 생각으로 4학년이 될 때까지 임용고사 준비를 전혀 하지 않았습니다.

그러나 졸업 후 피아노 학원에서 아르바이트하면서 여러 가지를 깨닫게 되었고, 그 후 아르바이트를 그만두고 임용 시험을 준비하게 되었습니다. 시험 준비 기간이 몇 개월 안 되었지만, 1차에 합격할 수 있었습니다. 하지만 교통사고 때문에 2차 시험을 제대로 준비하지 못하여 불합격 하였습니다. 그래서 다음 해, 온 가족의 기도를 등에 업고 다시 한번 도전했습니다. 시험장에서 문제를 풀 때는 이상하게도 제가 공부한 부분에서 다 나온 기분이었고, 1차에 합격할 수 있었습니다.

실기와 면접, 논술 시험인 2차 시험을 보기 위해 어머니와 함께 머나먼 강원도로 출발했습니다. 어머니는 제가 2차 시험을 보던 내내 계속 기도하시며 저를 응원해주셨습니다. 덕분에 저는 안정적으로 시험을 치를 수 있었고, 합격자 명단에서 제 이름을 볼 수 있었습니다. 돌이켜보면 제가 음악 교육과로 진학하게 된 것은 하나님께서 주신 큰 계획이 아니었을까 싶습니다. 음악 교사로 일하면서 큰 즐거움과 보람을 느끼고 있습니다. 제가 이렇게 성장할 수 있도록 저의 달란트를 발견하고 잘 이끌어주신 어머니께, 늘 기도해주신 어머니께, 그리고 기도를 들어주신 하나님께 얼마나 감사한 마음이 드는지 모르겠습니다.

어머니의 기도와 관련된 기억도 적어보려 합니다. 늘 기도하시던 어머니는 특히 저녁 자기 전 기도를 강조하셨고, 가족이 함께 기도하는 시간을 가졌습니다. 아버지는 일이 바빠 늦으실 때가 많아 어머니와 저, 동생이 늘 자기 전에 함께 기도했던 기억이 납니다. 어머니께서 대표 기도해주시고, 동생과 저는 두 손을 모으고 기도에 참여했습니다. 어떤 날은 동생과 제가 각자 몇 마디씩 기도하기도 했습니다.

매일 기도하는 습관 덕분에 교회 아동부에서도 자진해서 손을 들고 대표 기도했던 기억이 납니다. 지금은 제가 제 딸의 손을 붙잡고 밤마다 기도드리고 있습니다. 이제 한 아이의 엄마가 된 저에게 어머니는 자녀를 꼭 말씀으로 양육하라고 하십니다. 주 1회 가정 예배를 드릴 것과 매일 성경 말씀을 아이에게 읽어주라고 당부하셨습니다. 어머니의 당부를 따라 말씀 안에서 양육하려고 노력하고 있습니다.

유치원 시절 연립주택에서 아파트로 이사하던 날이 떠오릅니다. 그 바쁜 와중에 어머니께서 직접 과자를 만들어서 동생과 저에게 주시던 기억이 생생합니다. 도시락을 가지고 다니던 학창 시절에는 예쁘고 맛있는 도시락 덕분에 제 어깨가 한껏 올라가기도 했습니다. 제가 친구 관계가 힘들어 토로할 때는 부드러운 음성으로 저를 토닥여 주셔서 저만의 상담자가 되어 주셨습니다. 지금은 삶이 힘든 분들에게 면대면으로, 전화로 최고의 상담을 해주시는 것으로 알고 있습니다.

고등학생 때 학교를 방문하셨을 때는 누군가가 저에게 "동화야(너는 안 예쁜데) 너희 어머니는 아름다우시더라"는 말에 내심 기분이 좋았습니다. 솜씨, 마음씨, 맵시 어느 것 하나 부족함이 없는 어머니. 그런 어머니께서 저에게 가장 모범이 되신 부분은 오직 하나님만 바라보는 삶, 하나님께 충성하는 삶입니다. 제가 가장 존경하는 부분은 어머니께서 늦은 나이에 꿈을 포기하지 않고 공부하신 것, 목회자로 거듭나신 것, 그리고 이제는 그 사명을 성심을 다해 감당하고 계신 것입니다.

저는 부모님의 보살핌과 뒷바라지 속에서 한창 젊었을 때 제 앞날을 위해 공부하는 것도 힘들었습니다. 그런데 어머니는 노년의 나이에 하나님이 원하시는 삶을 살기 위해 전진하고 계십니다. 제가 어머니와 같은 나이가 되었을 때, 아마 지금의 어머니처럼 못할 것 같습니다.

다시 태어나도 지금 우리 엄마의 딸로 태어나고 싶습니다. 하나님! 엄마의 딸로 태어나게 해주셔서 정말 감사합니다. 존경하는 어머니, 100점 만점에 100점도 부족한 어머니, 이 세상에 태어나 행복한 삶을 맛보게 해주셔서, 그리고 하나님을 믿게 해주셔서 감사합니다. 어머니의 딸로 태어난 것이 얼마나 감사하고 자랑스러운지 모르겠습니다. 앞으로도 더 은혜로운 하나님의 말씀을 전해주세요. 사랑합니다.

둘째 딸의 회상과 고백

할렐루야! 믿음의 가정에서 천사 같은 어머니와 든든한 아버지를 만난 나는 세상 최고의 행복한 사람입니다. 저의 어머니는 한마디로 말하면 '온유하고 자상한 분이다'라고 표현하고 싶습니다. 가족을 위해서 평생을 헌신하고 희생하며 사셨고 목회하기 전이나 목회하실 때도 성도분들을 최선을 다해 섬기셨습니다.

손재주가 좋으셨던 어머니는 교회에서 꽃꽂이로 봉사하며 즐거워하셨고 맛있는 음식을 만들어 주위 분들과 나누며 섬기는 걸 좋아하셨습니다. 집에선 손뜨개질로 옷도 만들어 입히시고 머리도 예쁘게 해 주셔서 미용실에 가지 않아도 되었습니다. 내가 어릴 적 못 하는 게 없는 온화하고 예쁘셨던 어머니는 제게 완벽한 엄마였고 지금은 저의 영적 거장이자 영적 지도자입니다.

자라면서 주위 사람들이 어머니를 많이 좋아해 주시고 학교 선생님들께서도 어머니가 너무 좋다며 존경스럽다고 제게 말씀하신 분들도 있었습니다.

한번은 고등학생 시절 일인데 당시 음악 선생님께서 배가 아파 대구에 있는 병원에 입원하셨습니다. 그때 어머니께서 버스를 타고 병문안 가셨는데 입맛 없는 선생님을 위해 음식을 포장해 오셨다며 선생님께서 많이 감동하셨습니다. 어머니는 기억을 못 하시지만 가끔 음악 선생님을 찾아뵈면 그 이야기를 하시며 평소 어머니의 헌신적인 모습들을 떠올리시고 칭찬하셨습니다.

어떤 일이든지 최선을 다하시는 어머니는 신앙생활에서도 최선을 다하셨습니다. 늘 책상에 앉아 성경책을 보시고 안방에서 기도 하셨습니다. 철없고 믿음이 없던 저는 그런 어머니의 모습과 기도로 조금씩 믿음이 자라난 것 같습니다.

하나님의 은혜로 아름답게 사역하시는 어머니 모습은 제게 많은 자양분이 됩니다. 어머니께선 항상 외할머니의 신앙 유산을 물려받은 것이 가장 큰 축복이고 감사한 일이라고 말씀하셨습니다. 저도 어머니의 신앙 유산을 물려받고 싶습니다. 하나님 말씀에 순종하고 귀하게 쓰임받는 어머니의 모습을 그대로 닮고 싶습니다.

남편 안일동 안수 집사의 간증

고아에게 임한 하나님의 은혜

저는 1951년 경남 김해에서 출생했습니다. 모친은 1962년 제가 9살 때 병으로 사망하셨고 부친은 다음 해 1963년 제가 10살 때 돌아가셨습니다. 누나 두 분은 모두 사망하였고 여동생은 친척들이 의논하여 양딸로 보냈기에 생사도 알 수가 없습니다. 그래서 저는 어린 나이에 고아로서 힘든 삶을 살아야 했습니다.

1969년 고향에서 대동중학교를 졸업하고 부산 국제시장 문구사 점원으로 6개월 정도 일하고 있었습니다. 그때 저는 고등학교에 진학하고 싶은 마음이 솟구쳐 저도 모르게 하나님께 기도하게 되었습니다. 당시 현실을 생각하면 저는 도저히 학교 진학을 생각조차 할 수 없는 처지였고 의식주도 해결할 수 없었기 때문에 감히 고등학교 진학을 꿈꾸는 것은 가당치도 않은 현실이었습니다. 하지만 저는 매일 하나님께 길을 열어달라고 간절히 기도했습니다.

그런데 어느 날 제가 자라왔던 보육원의 김맹규 원장님께서 점포로 찾아와 고등학교에 진학시켜 주겠다고 말하는 것이었습니다. 꿈만 같은 현실이 내 앞에서 이루어진 것입니다. 그 순간, 저는 하나님께서 제

기도를 들으시고 응답하신 것이라는 것을 깊이 깨달았습니다. 그렇게 저는 영남 상고 야간부에 입학하게 되었고, 6촌 자형의 도움으로 어려운 환경 속에서도 주경야독하면서 학업을 이어갈 수 있었습니다.

이 모든 것이 하나님의 은혜임을 고백하며, 저는 하나님께 진심으로 감사드립니다. 힘든 상황에서도 희망의 길을 열어주신 하나님께 영광을 돌립니다.

김화분 목사와의 결혼

저는 아내와 만나기 전에 두 번의 선을 보았지만, 부모가 없다는 이유로 거절당했습니다. 그럴 때마다 마음이 아프고, 저의 과거가 저를 괴롭히기도 했습니다. 그러던 중 직장 여직원의 소개로 김화분씨를 처음 만나게 되었습니다.

저는 초등학교 4학년 2학기부터 중학교 졸업까지 교회를 다녔고 이후로는 다니지 않았습니다. 그러던 중, 아내와의 첫 만남에서 '교회에 함께 가자'라는 약속을 나누게 되었습니다. 그 약속은 저에게 큰 의미가 있었습니다. 제가 다시 하나님을 찾고, 신앙의 길로 돌아갈 수 있는 기회가 될 것이라 믿었습니다.

1979년 6월 3일, 저는 29세의 나이에 신부 김화분과 결혼하게 되었습니다. 결혼식 날, 저는 하나님께서 주신 이 특별한 인연에 깊이 감사했습니다. 우리는 서로의 손을 맞잡고, 하나님의 말씀을 마음에 새기며 새로운 삶을 시작하겠다고 다짐했습니다. 〈잠언 19:14〉의 말씀처럼, 슬기로운 아내는 여호와께로부터 말미암는 것임을 깨달았습니다. 김화분과의 만남은 제 인생에서 가장 큰 축복이었습니다.

죽음의 위기에서 구원받다

1988년 6월 7일, 경남 마산시 자유 수출지역 내 항구에서 뜻밖의 사고가 발생했습니다. 승리전자 퇴사 후 거래처 지인이 식사하자고 해서 경남 마산시 자유 수출지역 내 항구로 가는 길에 4명이 승용차를 타고 있었습니다. 그때 순간적으로 차가 바다에 그대로 추락했습니다. "아, 이대로 죽는구나." 싶었는데, 다행히도 차는 바다 위에 배처럼 떠 있었고, 창문이 열려 있었습니다. 마침 항구에 있던 사람들이 밧줄을 던져 주었습니다. 우리는 그 밧줄을 붙잡고 항구에 배 파손을 방지하기 위해 설치한 큰 타이어에 의지하여 무사히 헤엄쳐 나올 수 있었습니다. 차는 수심 15m 아래로 가라앉았고, 잠수부와 크레인이 와서 인양했습니다. 구경꾼들은 이 모습이 영화의 한 장면 같다고 하였고, 우리는 짧은 시간에 구출되어 모두 기뻐서 웃었습니다.

그리고 집으로 돌아와 이야기를 나누었더니, 사고 당시 집에서 큰딸아이가 "아빠가 걱정된다"라고 하여 아내가 "그럼 우리가 아빠를 위해 기도하자"라고 했다고 합니다. 그 시간에 아내는 두 딸과 함께 나를 위해 기도한 것입니다. 우리가 무사할 수 있었던 것은 나를 위해 기도하도록 하나님께서 딸 아이의 마음을 움직이셨기 때문입니다. 하나님께서 그 기도를 들으시고 역사하셨기에 우리는 하나님의 은혜로 무사히 살 수 있었습니다.

처형에게 사고 났던 이야기를 하니, 사건이 뉴스에 나오던데 그게 안 서방이 당한 사고였냐며 놀라워했습니다. 그래서 저는 매년 6월 7일이 되면 제2의 생명을 주신 하나님께 감사를 드리고 있습니다.

하나님의 은혜를 흘려보내다

2022년 6월, 필리핀 네그로섬에서 선교 활동 중인 최영근 선교사님이 열린문교회를 방문하여 설교하셨습니다. 그때 필리핀 세인트폴대학교 간호학과 학생인 '헤로니마'가 1, 2학년 공부는 자력으로 마쳤지만, 가정 형편이 너무 어려워 3, 4학년의 4학기를 더 이상 공부할 수 없는 상황에 놓여 있다고 말씀하셨습니다.

저는 그녀의 딱한 사정에 긍휼한 마음을 품게 되었습니다. 하나님께서 저에게 주신 은혜로 고등학교를 졸업한 경험이 있기에, 저도 받은 은혜를 흘려보내야겠다는 마음이 들었습니다. 그래서 예배가 끝난 후, 식당에서 선교사님과 함께 식사하면서, 저는 간호학과 학생인 헤로니마를 후원하겠다고 말씀드렸습니다. 이후 4학기 등록금을 후원하게 되었고, 그녀는 열심히 공부하여 무사히 졸업했습니다. 2024년 6월 2일, 선교사님께서는 졸업사진과 함께 기도와 헌신으로 졸업했음을 전해주셨습니다.

제가 받은 하나님 은혜를 나누고 흘려보낼 수 있었던 모든 것은 하나님의 은혜임을 깊이 감사드립니다. 주님, 사랑합니다.

헤로니마 졸업사진

달빛 속에 하늘의 은혜 / 김규희

낮의 고단한 삶의 여정
숨막히게 돌아가고
팔고 또 팔아도
세월은 강처럼 흐르네

틀 속에 갇혀 지낸
우물 안 개구리였지만
밤에 만나는 달콤한
주님을 향한 뜨거운 사랑
눈물로 화장을 지우고

달빛 속에
하늘의 은혜
풀포기도 아름답고
분홍 벚꽃 향기
가득한 날
주님의 사랑 노래 부르네

어제는 고단한 생활
다람쥐처럼 쳇바퀴 도는 하루
더 넓은 세상 바라보며
앞이 보이지 않는
슈퍼 아줌마의 모습

오늘은 하늘의 은혜로
춤추고 노래하며
주님의 행복 전하는
성령의 사람

진리의 말씀, 영혼의 사랑
복음으로 걷는
십자가의 전달자로,
내일 광야의 시간이라도
주의 길을 가리라 .

* 김규희 시인은 『구미 꿈이있는 교회』의 담임목사 입니다.

Part 2

김화분 목사의 목회이야기

창세기 22:14
아브라함이 그 땅 이름을 여호와 이레라 하였으므로 오늘날까지 사람들이 이르기를 '여호와의 산에서 준비되리라' 하더라

나는 네가 필요하다

제가 신학을 공부하게 된 이유는 시험을 통과한 후, 주님께서 저에게 신학교에 가라고 하셨기 때문입니다. 처음에는 여러 가지 핑계를 대며 망설였습니다. "세상에는 엘리트 목사님들이 많고, 젊고 똑똑한 신학생들도 넘쳐나는데, 왜 하필 저일까요?" 저는 나이가 많고, 머리가 둔하다고 느끼며 주의 종이 될 수 없다고 생각했습니다. "주님, 아니죠? 지금 잘못 생각하고 계신 거 맞죠?"라고 여러 번 확인했지만, 주님은 "나는 네가 필요하다."라고 계속 말씀하셨습니다.

주님의 음성을 듣고도 계속 주저하니, 주님께서 "그럼 다른 사람을 쓰겠다."라고 말씀하셨습니다. 그 순간, 제 마음 깊은 곳에서 두려움과 불안이 밀려왔습니다. 하나님께서 저의 가정에서 가장 소중한 것에 손을 대기 시작하셨기 때문입니다. 결국, 저는 벼랑 끝에서 하나님 앞에 항복하고 목사님과 상의한 후 신학교에 입학하기로 결심했습니다.

지금까지 저는 성서신학교에서 2년, 개혁신학 대학원에서 3년, 총회신학 대학원에서 1년 동안 총 6년의 신학 공부를 했습니다. 어떤 사람들은 편법으로 1~2년 만에 목사가 되기도 하지만, 정식으로 목사가 되려면 오랜 시간이 걸립니다. 하나님은 저에게 그 과정을 철저히 밟게 하셨습니다. 그 과정에서 저는 많은 것을 배우고, 하나님과의 관계가 더욱 깊어졌습니다. 특히, 신학교에서의 수업과 성경 공부는 제 신앙의 토대를 다지는 데 큰 도움이 되었습니다.

남편은 제가 신학 공부를 하는 것을 반대했기 때문에 학비를 한 학기만 지원해 주었습니다. 하지만 신학을 하라고 하신 하나님은 이미 후원자를 준비해 두셨습니다. 장사하는 언니가 6년 동안 신학교 학비, 책값, 교통비까지 모두 대주었습니다. 저는 여호와 이레의 하나님이 준비하셨다고 믿었기 때문에 돈에 대한 걱정은 없었습니다. 저에게 가장 중요한 것은 하나님의 뜻이었습니다. 하나님이 미션을 주실 때 무조건 순종하면, 반드시 길이 열리고 일이 성사된다는 것을 경험으로 알게 되었습니다.

이 모든 과정을 통해 하나님은 저에게 신학 공부의 중요성과 그 과정을 통해 주어지는 은혜를 깨닫게 하셨습니다. 혹시 여러분 중에 하나님께서 주신 사명을 망설이거나 거부하고 계신 분이 있다면, 꼭 기억해 주셨으면 합니다. 하나님은 여러분을 필요로 하십니다. 우리가 생각하는 자격이나 능력과 관계없이, 하나님은 각자의 특별한 계획을 가지고 계십니다.

저도 처음에는 두려움과 불안으로 가득 차 있었지만, 하나님의 부르심은 결코 잘못된 것이 아니었습니다. 하나님이 주신 사명은 우리가 상상하는 것 이상으로 큰 은혜와 축복을 가져다줄 것입니다. 그 길을 걸어갈 때, 하나님은 여러분과 함께하시며 필요한 모든 것을 채워주실 것입니다.

여러분이 하나님께서 주신 사명을 받아들이고 순종할 때, 그 과정에서 더 깊은 신앙의 여정을 경험하게 될 것입니다. 주님의 음성에 귀 기울이고, 그분의 인도하심을 믿으세요. 하나님은 여러분이 필요하다고 말씀하십니다. 그러니 주저하지 말고 그 길로 나아가십시오. 하나님은 여러분과 함께하실 것이며, 그 길에서 놀라운 일들을 이루실 것입니다.

대학원 졸업생들과 함께

교회 개척을 하다

　신학대학원 원서를 넣고 한 달 후, 하나님께서 속전속결로 개척하라는 말씀을 주셨습니다. 처음에는 두려움과 망설임이 컸습니다. "내가 이런 큰 사역을 감당할 수 있을까?"라는 생각이 머릿속을 가득 채웠습니다. 그러나 하나님께서 주신 사명이라는 생각이 점점 더 확고해졌습니다. 그래서 저는 슈퍼마켓의 반을 정리하고 그곳에 성전을 마련하기로 결심했습니다. 기도 중에 여호와 이레의 하나님께서 모든 것을 준비하셨다는 말씀을 주셨습니다. 그래서 저는 그 말씀을 믿고 개척을 시작했습니다.

　현실적으로는 돈이 부족했지만, 남편을 설득하여 500만 원의 지원을 받았습니다. 그 과정에서 남편도 처음에는 망설였지만, 제가 하나님을 의지하는 모습을 보며 마음을 열게 되었습니다. 기도하는 중에 상담할 사람들을 보내주셨고, 그분들은 기도 받으면서 "제가 이 제단에 무엇을 심을까요?"라고 물었습니다. 저는 하나님이 감동 주시는 대로 하라고 했고, 그렇게 헌금과 성물이 모두 준비되었습니다. 그래서 2015년 12월 12일에 "열린문교회"가 개척되었습니다. 이번 일을 겪으면서 또 한 번 깨달았습니다. 하나님의 일은 하나님이 하십니다. 제가 순종하고 믿음으로 나아가면 여호와 이레의 하나님이 모든 것을 준비하십니다.

개척 후에는 눈코 뜰 새 없이 바쁜 시간을 보냈습니다. 슈퍼마켓에서 일하고, 상담 전화를 받고, 신학교에 다니며, 설교도 해야 하고, 교회 성도들에게 밥을 해주는 등 1인 5역을 하며 지냈습니다. 때로는 피곤하고 힘들었지만, 하나님께서 주신 사명을 수행한다는 생각에 힘을 얻었습니다. 그 모든 일들이 저를 더욱 성장하게 했고, 하나님께 의지하는 법을 배우게 해주었습니다.

시간이 지나면서 하나님이 사람들을 보내주셨습니다. 주로 신학생이나 사명자들이 왔고, 저는 그들을 장학금을 주며 사명자로 키우는 사역을 했습니다. 함께 예배하고 기도하며 전도하고 상담하면서 그들에게도 저에게 임했던 은사들이 임하기 시작했습니다. 그들의 변화와 성장하는 모습을 지켜보는 것은 저에게 큰 기쁨이었습니다.

개척 후 2년이 지나고, 하나님이 성전을 확장하라고 하셨습니다. 그때도 돈이 부족했지만, 여호와 이레의 하나님이 준비하셨다고 하셔서 믿음으로 밀고 나갔습니다. 그때 제 수중에는 24만 원밖에 없었습니다. 남편이 슈퍼를 운영하고 있었고, 만약 그 자리를 교회로 확장하면 슈퍼를 그만둬야 했습니다. 남편은 실직자가 되는 것을 두려워하며 반대했습니다. 그래서 저는 계속 설득했습니다. "걱정하지 마세요. 하나님이 다 먹이고 입히십니다. 나중에 좋은 차도 타고 여행도 다닐 것입니다." 남편은 결국 제 의견에 찬성하고 슈퍼를 완전히 접게 되었습니다. 그 순간, 남편의 믿음과 저를 향한 하나님의 인도하심이 저에게 큰 힘이 되었습니다.

성전 확장 공사비는 여호와 이레의 하나님이 준비했다고 하셔서 걱정하지 않았습니다. 그때 교회 성도가 19명이나 되었는데, 저는 작정 헌금을 시키지 않고 하나님이 준비하신다고 믿음으로 선포했습니다. 그런데 정말로 하나님이 신기한 방법으로 6천만 원을 채워주셨습니다. 여기 두 가지 사례를 말씀드리겠습니다.

첫째, 제 여동생이 치매에 걸린 시어머님을 모시고 나서 유산으로 받은 돈 중에 2천만 원을 헌금으로 바쳤습니다. 둘째, 한 여자 강도사님이 기도하는데 헌금을 천만 원 하라고 하셨습니다. 하지만 그분에게는 돈이 없었습니다. 그런데 친정어머님이 천만 원을 자신에게 맡겨났는데, 주식으로 분산 투자한 것이 있었습니다. 그러나 주식이 반 토막이 나서 500만 원밖에 안 되었습니다. 그래서 제가 기도해 주었는데, 하나님이 주식을 파는 날짜를 모두 가르쳐 주셨습니다. 그렇게 해서 천만 원을 헌금하게 되었습니다. (이것은 하나님께서 특별히 성전 증축을 위한 헌금을 채워주기 위해 알려주신 것입니다. 본인이 투자해서 돈 벌 목적으로 기도를 하면 알려주지 않으시니 오해하지 마시기 바랍니다.)

이번 경험을 통해 하나님의 신실하심을 다시 한번 깊이 깨달았습니다. 제가 순종하고 믿음으로 나아가면 하나님께서 모든 것을 준비하신다는 사실을 확신하게 되었습니다. 앞으로도 하나님께서 주신 사명을 잘 감당하며, 그분의 뜻을 이루어가는 삶을 살고 싶습니다. 이 모든 여정에서 하나님은 저와 함께하셨고, 앞으로도 함께하실 것을 믿습니다.

혹시 여러분 중에 하나님이 주신 사명을 받고 걱정하고 두려워하는 분이 있다면, 제가 겪은 경험을 통해 조금이나마 용기를 얻으시길 바랍니다. 하나님은 우리 각자에게 특별한 계획을 가지고 계십니다. 그 계획이 어떤 모습으로 다가오든, 우리가 느끼는 두려움이나 불안은 자연스러운 감정입니다. 그러나 그 두려움이 여러분의 발걸음을 멈추게 해서는 안 됩니다.

하나님은 여러분이 필요한 모든 것을 이미 준비해 두셨습니다. 여러분이 믿음으로 한 걸음 내디딜 때, 하나님은 그 길을 열어주실 것입니다. 제가 처음 개척할 때도 많은 걱정이 있었지만, 하나님께서 인도해 주신 길을 따라가며 많은 은혜를 경험했습니다. 하나님이 부르신 사명은 여러분을 더 성장하게 하고, 믿음의 깊이를 더해 줄 것입니다.

그러니 주저하지 마세요. 하나님이 여러분을 필요로 하십니다. 그분의 부르심에 응답하고 순종할 때, 여러분은 생각지도 못한 은혜와 기쁨을 경험하게 될 것입니다. 여러분의 믿음이 여전히 작더라도, 그 믿음을 가지고 나아가십시오. 하나님은 여러분과 함께하시며, 여러분의 모든 걸음을 인도하실 것입니다. 여러분이 하나님과 동행할 때, 그분의 신실함을 경험하게 될 것입니다. 믿음을 가지고 그 길로 나아가십시오. 하나님이 여러분을 통해 놀라운 일을 이루실 것입니다.

개척교회 지원하기

저는 여자 전도사님과 함께 개척을 시작했습니다. 그런데 3개월 후, 그 전도사님이 개척 응답을 받았다고 하셨습니다. 그러나 개척할 돈이 부족하다며 걱정하셨습니다.

그즈음, 제가 어떤 교회에 집회 요청을 받았는데, 어떻게 해야 할지 몰라 기도하고 있었습니다. 주님께선 "좋아! 네가 목사님께 순종해라"라고 말씀하셨습니다. 순종하라시기에 가긴 가야 하는데, 일주일 동안 설교 준비를 하며 어떤 메시지를 전해야 할지 막막했습니다. 그때 하나님께서 "네가 가면 내가 메시지를 주겠다"라고 말씀하셨습니다. 그래서 그동안 하나님께서 제 인생에서 행하신 놀라운 일들을 정리해 갔습니다.

그런데 하나님께서 집회 초청한 목사님께 드릴 양복 선물할 돈 50만 원을 가지고 가라고 하셨습니다. 그때 저는 5만 원도 없었습니다. 게다가 참외 한 박스까지 가져가라고 하셨습니다. 도저히 이해할 수 없었습니다.

주일 오후 설교를 해야 하는데, 토요일에도 돈이 없었습니다. 그런데 저녁에 어떤 권사님이 찾아오셨습니다. 감천에 사시는 정성순 권사님이셨습니다. 그녀는 헌금 210만 원과 참외 2박스를 가져오셨습니다. 땅을 팔아서 500만 원의 수익이 생겼는데, 그중 300만 원은 본교회에 헌금하고, 200만 원은 김화분 목사님에게 하라는 감동을 받았다고 하셨습니다. 또한, 아들과 딸 이름으로 3년 동안 매달 10만 원씩 선교 헌금을 하겠다고 하셨습니다. 참외는 그분들이 직접 농사지은 것입니다. 이처럼 하나님은 신기한 방법으로 필요한 것을 채워주셨습니다.

그래서 제가 두 분을 위해 축복 기도를 해 드리면서, 집에 가면 선물이 기다리고 있을 것이라고 말씀드렸습니다. 집에 갔더니 딸이 사윗감을 데리고 왔습니다. 권사님 부부가 결혼을 위해 기도했는데, 그렇게 축복해 주셨습니다. 하나님은 공짜가 없습니다. 하나님을 위해 심으면 더 좋은 것으로 채워주십니다.

저는 주일날 약속한 대로 집회를 하나님의 은혜로 잘 인도할 수 있었습니다. 그리고 준비해 간 양복 비용과 참외를 드렸습니다. 목사님께서 너무 감사하다고 하시며 강사료를 넉넉하게 주셨습니다. 하나님께 "이걸 어떻게 할까요?"라고 여쭈었더니 "받아가라"고 하셨습니다. 그리고 교회 개척 자금으로 심으라고 하셨습니다. 그래서 주님께 "이걸 전도사님께 드려도 될까요?"라고 여쭈었더니 "그렇게 하라"고 하셨습니다.

집회 요청하신 목사님이, "교회 리모델링이 끝난 교회가 있는데 하실 분 있으면 소개하라"고 하셨습니다. 그래서 전도사님을 소개했더니 교회 건물을 보시고 마음에 든다고 하셨습니다. 보증금 500만 원, 월세 30만 원인데, 제가 강사료에 돈을 보태서 500만 원을 도와드렸습니다. 그리고 월세는 전도사님이 알아서 하라고 했습니다.

하나님은 이처럼 저에게 자주 미션을 주시고 심부름을 시키십니다. 저는 그때마다 아멘! 하고 나가면 하나님이 모든 것을 이루십니다. 저는 하나님이 행하시는 일을 보는 것만으로도 감사하고 기쁩니다.

사명자 키우기

제가 목회를 시작한 지 벌써 9년이 지났습니다. 이 여정 속에서 하나님께서 사명자를 키우는 일을 맡기셨습니다. 처음 개척할 때, 저는 사람들을 전도해 오는 것이 아니라 하나님께서 보내신 사람들을 만나게 되었습니다. 그들은 하나님이 주신 감동을 따라 이곳으로 왔고, 그 과정에서 많은 기적과 변화가 일어났습니다.

어떤 분은 기도를 통해 사명자로서의 길을 발견하게 되었고, 그들이 저를 찾아왔습니다. 저는 그들과 만나 기도하며 그들의 삶에 하나님의 뜻이 드러나는 것을 보았습니다. 그렇게 하나님께서 보내신 이들은 신학 공부를 하기로 결심하게 되었고, 제가 그들의 등록금을 지원하게 되었습니다. 제가 개척교회 목회자로서 넉넉하지 않은 형편임에도 불구하고 하나님께서 저에게 필요한 지혜와 능력을 주셨습니다.

지금까지 모두 합쳐서 6명 정도가 사명자로 세워졌습니다. 그중에는 평신도로 와서 신학교에 가라는 하나님의 부르심을 받고 간 사람도 있습니다. 신학교 과정 중에 저와 만나게 된 사람들도 있습니다. 그들은 각자의 상황에 따라 신학대학원에 가거나 교회를 개척하라는 다양한 부르심을 받았습니다.

저는 그들에게 필요한 만큼 지원을 해주었습니다. 어떤 이들은 졸업할 때까지 전액 지원을 받았고, 다른 이들은 한 학기 혹은 두 학기만 지원받기도 했습니다. 중요한 것은 이 모든 과정이 하나님께서 그들을 부르신 결과라는 점입니다. 저는 그들이 우리 교회에 올 때와 갈 때, 항상 하나님께 기도하고 응답받고 하라고 강조합니다.

훈련도 중요한 부분이었습니다. 이들은 신학 공부하면서도 저와 함께 기도하고 훈련받았습니다. 주일에는 교회에 와서 함께 예배를 드리고, 금요일에는 기도를 위해 모이기도 했습니다. 그 과정에서 그들의 영안이 열리고, 예언과 환상이 나타나는 기적이 일어났습니다. 제가 특별한 프로그램을 운영한 것은 아니지만, 하나님의 은혜가 그들의 삶 속에서 자연스럽게 흘러나왔습니다.

그들은 각자의 교회에서 사역하고 있습니다. 그들은 저에게 연락해 문제를 상담받거나 도움을 요청하기도 합니다. 하나님께서 주신 사명은 단순히 저 혼자만의 것이 아니라, 이들을 통해 더 많은 하나님의 일을 하는 것입니다.

하나님께서 주신 사명을 따라 사람들을 돕고 그들의 성장을 지켜보는 것은 큰 기쁨과 보람이 됩니다. 저는 이 모든 과정에서 하나님께서 어떻게 일하시는지를 보며 감사와 기쁨을 느낍니다. 앞으로도 하나님께서 주신 사명을 충실히 감당하며, 더 많은 사명자를 세우는 일에 힘쓰고 싶습니다.

택시 전도

저에게 있어서 생활이 전도이고, 전도가 생활입니다. 저는 택시를 타면서 전도를 많이 합니다. 택시를 타기 전에 하나님께 "어떤 택시를 탈까요?" 물으면 하나님께서 인도하시는 대로 택시를 선택합니다. 그리고 택시 기사에게 "종교가 있으세요?"라고 묻습니다. 만약 없다고 얘기하면, 하나님은 살아계시며 당신을 사랑한다고 전합니다. 그리고 하나님이 감동을 주시는 대로 대화를 이어갑니다. 다음은 택시 기사와의 대화 내용입니다.

〈전도 대화 1〉

택시 기사: 제가 가지고 있는 땅이 많이 올라서 큰돈이 생겼어요. 그런데 지인에게 수십억을 빌려줬는데 외국으로 도망갔습니다. 만약 잡히기만 하면 제가 가만히 안 둘 겁니다.

나: 정말 속상하시겠어요. 그렇게 큰돈을 믿고 빌려줬는데 얼마나 배신감이 많이 들겠어요. 그런데 제가 기도하는데, 하나님이 그 사람이 곧 한국에 들어올 것이라고 말씀하시네요. 만나더라도 나쁜 일을 하지 말고 그냥 놔두라고 하십니다. 돈 받을 생각을 하지 마시고, 사모님과

함께 교회를 나가세요.

택시 기사: (가만히 생각하더니) 알겠습니다. 저도 그렇게 하도록 노력하겠습니다.
나: 사장님을 위해서 축복 기도를 해드려도 될까요?
택시 기사: 네, 해주세요.
나: 축복 기도를 해드리며 축복의 메시지를 전합니다.

〈전도 대화 2〉

나: 아저씨, 하나님은 살아계시고 당신을 사랑합니다. 예수 믿으세요.
택시 기사: 요즘 교회가 타락했습니다. 목사들도 성추행하고 사기치고, 예수 믿는 사람들이 못된 짓을 많이 해요. 그런데 예수 믿으면 뭐합니까?

나: 그 사람들은 정말로 하나님을 못 만나서 그렇습니다. 진짜 하나님을 만난 사람은 절대 그렇게 행동할 수 없습니다. 교회만 다닌다고 해서 하나님의 자녀가 아닙니다. 교회를 다녀도 인격적인 하나님을 만나고, 성경 말씀을 읽고 그대로 살려고 노력해야 합니다.

택시 기사: 손님 얘기를 들어보니 그런 것 같네요.
나: (택시비를 넉넉히 건네며) 사장님도 예수 믿고 천국 가세요. 하나님이 너무 사랑하십니다.

〈전도 대화 3〉

택시 기사: 저는 그동안 나름대로 성공한 삶을 살았습니다. 돈도 먹고 살 만큼 벌었고, 자녀들도 다 출가시켜서 집도 한 채씩 다 사주었습니다. 저는 할 일이 없어서 택시 기사를 합니다.

나: 그렇군요. 사장님은 성공해서 모든 것을 가졌지만 한 가지가 없네요. 죽음은 누구에게나 찾아옵니다. 그런데 죽음 후에는 반드시 천국과 지옥이 있습니다. 이 땅에서 예수를 믿어야 천국을 갈 수 있습니다. 오늘 예수 그리스도를 선물로 드리고 싶습니다.

택시 기사: (웃으면서) 예.
나: (택시비로 5만 원을 드리며) 제가 지금 성경이 없는데, 성경책을 사서 꼭 읽어보세요.
택시 기사: 감사합니다.

어떤 경우에는 택시 기사가 다른 종교를 믿는 경우도 있습니다. 그러면 저는 하나님은 살아계시고 예수를 믿어야 구원받는다고 얘기합니다. 그러면 반발하지 않고 다 받아들입니다. 하나님이 인도하신 택시를 탔으니 준비된 영혼이기 때문에 반발하지 않습니다.

이런 전도의 과정은 저에게 큰 기쁨이자 하나님의 뜻을 실천하는 방법이 됩니다. 저는 전도할 때마다 각 사람의 마음을 여는 것은 전적으로 하나님의 은혜임을 항상 체험합니다.

JESUS

하나님 나라를 확장시키는 전도

개척 후에 건빵과 화장지, 전도지를 가지고 다니며 전도했습니다. 저는 내 교회 부흥을 위해서가 아니라, 하나님 나라가 확장되기를 기도하는 마음으로 전도합니다. 버스 터미널이나 기차역에 가서 "하나님은 당신을 사랑하십니다. 지옥과 천국이 있습니다."라는 메시지를 전하며 전도지를 나누어 줍니다.

어느 날 부목사님과 영등포역에서 전철을 기다리던 중, 가져갔던 도시락이 한 통 남았습니다. 제가 쓰레기를 버리러 갔는데, 어떤 분이 우리를 따라와서 쳐다보길래 남은 도시락을 드시라고 전해 주었습니다.

부목사님이 집에 가서 기도할 때, 하나님께서 "나는 오늘 도시락을 잘 먹었다."라고 말씀하셨습니다. 그때 저는 주님이 오늘날에도 가난하고 작은 자의 모습으로 우리를 찾아오신다는 것을 깨달았습니다. 성경 말씀에 "지극히 작은 자에게 한 것이 나에게 한 것이다."라고 기록되어 있습니다(마태복음 25장 40절).

어느 날, 하나님께서 수원역에 가라고 하셔서 갔습니다. 그곳에는 테이블과 의자가 있었습니다. 그런데 하나님이 예배하라고 하셔서, 손발이 얼 정도로 엄청 추운 날씨에도 불구하고 찬양했습니다. 그러자 지나가는 사람 중에 찬양을 따라 하는 이들도 있었습니다. 하나님이 예배를 즐겨 받으시고 행인들이 감동을 받고 있다고 말씀해 주셨습니다.

노숙자 중 한 사람이 와서 옆에 앉아 찬양을 들으면서 울기 시작했습니다. 마침 남편에게 줄 가죽장갑을 하나 샀는데, 그것을 노숙자에게 주었습니다. 제 목도리도 벗어서 드렸습니다. 예배 후에는 가방 안에 있는 간식과 돈도 모두 주었습니다. 그분과 함께 식당에 가서 밥을 사 주며 대화를 나누었습니다. 알고 보니 그분은 노숙자 대장이었습니다.

그분은 가정도 있고, 손자와 손녀도 있다고 했습니다. 사업하다가 망했지만, 지금도 전화하면 집으로 들어오라고 한다고 말했습니다. 그때 하나님께서 저에게 메시지를 주셨습니다. "아저씨, 이제 가정으로 돌아가세요. 그리고 노숙자를 전도하세요." 제 말을 듣고 아저씨는 알겠다고 하셨습니다.

저는 하나님이 감동 주시는 대로 합니다. 무슨 일을 하다가도 하나님이 시키시면 바로 순종합니다.

어느 날, 큰 딸이 합창단 공연이 있어서 예술회관으로 가는 도중, 버스 정류장에서 할머니 한 분을 만났습니다. 하나님께서 기도해주라는 감동을 주셨습니다. 대화를 나누다 보니, 할머니는 성당에 다니시고 무릎이 아프다고 하셨습니다. 그래서 제가 무릎에 손을 대고 기도를 해 드렸습니다. 그리고 성당에는 가되 기도할 때 마리아 이름으로 기도하지 말고 예수님의 이름으로 기도하라고 말씀드렸습니다. 할머니는 무릎이 좋아졌다며 고맙다고 인사를 하고 집으로 가셨습니다.

이러한 전도의 경험을 통해 저는 하나님께서 우리에게 주신 사랑과 은혜를 나누는 것이 얼마나 중요한지를 깊이 깨닫게 되었습니다. 하나님이 우리를 통해 일하시고, 작은 행동 하나로도 큰 변화를 가져올 수 있다는 것을 항상 기억하며 살아가고 있습니다.

생활전도

전도는 단순히 특정한 날에 특정한 장소에서만 이루어지는 행위가 아닙니다. 우리의 삶 자체가 전도가 되어야 합니다. 예수님께서 우리에게 주신 사명은 "너희는 온 천하에 다니며 만민에게 복음을 전파하라" (막16:15)는 말씀에 잘 나타나 있습니다. 또한 사도바울은 "너는 말씀을 전파하라 때를 얻든지 못 얻든지 항상 힘쓰라." (딤후 4:2)고 했습니다. 이 말씀은 우리가 일상생활 속에서 만나는 사람들에게 복음을 전하라는 부름임을 의미합니다.

저는 항상 전도할 기회를 찾습니다. 그래서 물건을 사러 가거나 식당에 음식을 먹으러 갈 때, 그곳에서 만나는 사람들에게 자연스럽게 전도를 합니다. 집배원이나 택배기사와 같은 분들을 만날 때, 그들이 힘든 일을 하고 있다는 것을 생각하며 작은 정성을 들이는 것이 전도의 시작입니다. 그들에게 음료수나 간단한 간식을 나누어 주면서 전도지를 함께 전달하는 것은 그들에게 하나님의 사랑을 전할 수 있는 좋은 방법입니다.

저는 작은 선물을 나눠주고 "예수 믿고 천국 가세요. 하나님께서 사랑하십니다."라고 말씀을 전합니다. 그 메시지는 단순하지만, 그 속에는 깊은 의미가 담겨 있습니다. 전도지는 많은 사람이 쉽게 버릴 수 있지만, 건빵이나 티슈와 같은 실용적인 물품은 사람들의 손에 오래 남게 됩니다. 이처럼 우리의 작은 배려가 전도의 씨앗이 될 수 있습니다.

금오산을 등산하거나 올레길을 걸으면서 산책할 때도 전도의 기회를 찾습니다. 운동하면서 만나는 사람들에게 전도지를 나눠주고, 그들과 대화를 나누는 것은 우리의 삶이 어떻게 전도와 연결될 수 있는지를 잘 보여줍니다. "너희가 먹든지 마시든지 무엇을 하든지 다 하나님의 영광을 위하여 하라"(고전 10:31)는 말씀처럼, 우리의 모든 행동이 하나님의 영광을 드러내는 일이 되어야 합니다.

전도를 위한 날을 따로 잡지 않아도, 우리는 매일매일 전도의 기회를 가질 수 있습니다. "오직 성령이 너희에게 임하시면 너희가 권능을 받고, 예루살렘과 온 유대와 사마리아와 땅 끝까지 이르러 내 증인이 되리라."(사도행전 1:8)라는 말씀처럼, 우리는 항상 복음을 전할 준비가 되어 있어야 합니다.

전도지가 버려진 것을 보며 마음이 아파하는 것은 우리가 진정으로 영혼을 사랑하고 있다는 증거입니다. 어느 날 저는 이렇게 기도했습니다. "하나님, 마음이 아파요. 많은 전도지가 버려지고 땅에 밟혀요." 그때 이런 음성을 들었습니다.

"천장이 뿌려져서 한 영혼이 구원받는다면 잘한 일이다."

그 후부터 저는 '한 영혼이라도 구원받는다면 나의 노력과 투자가 절대 낭비가 아니다.'라는 믿음으로 열심히 전도하고 있습니다.

우리의 삶이 전도가 되기 위해서는, 우리가 만나는 모든 사람에게 하나님의 사랑을 전하는 마음을 가져야 합니다. 작은 친절과 배려가 전도의 시작이 될 수 있으며, 이를 통해 우리는 그리스도의 복음을 전하는 삶을 살아갈 수 있습니다. 우리의 일상에서 전도의 기회를 찾고, 하나님께 기도하며 그분의 인도하심을 따라 살아가길 소망합니다.

축복의 통로가 되다

숨겨진 땅을 찾다

하나님은 그동안 저희 가정에 물질의 복을 차고 넘치도록 부어주셨습니다. 제가 어떤 교회에서 설교를 들었는데, 문중에 숨겨진 땅을 찾게 되었다는 내용이었습니다. 설교를 듣고 집에 돌아온 후, 남편의 고향 지인으로부터 땅을 찾아가라는 전화가 왔습니다.

그래서 알아보니 500평의 땅이 돌아가신 할아버지 명의로 되어 있었습니다. 결국 땅을 찾았고, 등기도 해놓았습니다. 법적으로 확인해 보니, 일찍 팔면 세금을 적게 내고, 상속 후 3년이 지나면 세금이 많이 부과된다는 것을 알게 되었습니다. 그래서 부동산에 팔기로 결정했습니다.

계약하러 가는 중에 어떤 사람이 자기에게 팔면 배로 준다고 하여, 남편은 그 가격에 팔았습니다. 남편은 3대 독자였고, 생각지도 않게 하나님이 물질을 채워주셨습니다.

하나님은 때에 맞게 은혜를 베푸셨습니다. 사망 후 등기 이전 못한 땅은 특별조치법이 시행되는 해에만 서류를 자기 앞으로 등기 이전할 수 있었습니다. 이 법은 10년에 한 번 돌아오며, 그때를 놓치면 10년을 기다려야 했습니다. 그런데 마침 특별조치법이 시행되는 해여서 땅을 찾을 수 있었습니다.

땅을 찾은 후 기도하는데, 또 다른 땅들이 있다고 하셨습니다. 제가 남편에게 서류를 떼보라고 했지만 무시했습니다. 그런데 제 여동생이 "형부, 조상 땅 찾기에 한 번 들어가 보세요."라고 하여 서류를 떼어봤더니 모르는 땅이 네 덩어리가 있었습니다. 남편이 늑장을 부리고 불순종해서 특별조치법이 지나가는 바람에 그 땅을 아직도 찾지 못했습니다.

슈퍼를 통해서 복을 주심

저희는 슈퍼마켓을 2년마다 확장하며 두 번 옮겼습니다. 가게를 시작한 지 2년 만에 33평의 집도 주셨습니다.

첫 번째 슈퍼마켓을 확장 이전하여 운영하던 어느 날, 가게 옆에 큰 마트가 들어온다는 소문이 들렸고, 남편에게 가게를 넘기고 이사가자고 제안했습니다. 하지만 남편은 그렇게 하면 안 된다고 했습니다. 들어오는 사람이 손해를 볼 것으로 생각했기 때문입니다. 저는 남편의 말에 순종하여 결국 권리금을 못 받고 나왔습니다. 그때 저희는 현금이 6천만 원밖에 없었습니다. 그 돈에 맞는 가게를 찾으려고 다녔습니다.

괜찮은 장소가 하나 나왔는데, 평수가 넓고 임대료가 비쌌습니다.

전세 1억 5천에 인테리어 비용 4천만 원이 필요했습니다. 저는 기도하면서 하나님의 응답을 받고 그 장소를 계약했습니다.

인테리어 비용을 한 달에 천만 원씩, 4개월 동안 갚기로 했습니다. 물건도 월초에 외상으로 받아서, 월말에 갚기로 했습니다. 매달 갚아야 할 돈이 많아서 부담되었지만, 하나님의 은혜로 장사가 잘되어 모든 빚을 갚을 수 있었습니다.

전세 자금은 언니가 무이자로 1억 원을 빌려주었고, 모든 비용을 하나님께서 채워주셨습니다. 그 전에 슈퍼는 16평이었는데 67평으로 더 넓은 곳으로 옮겼습니다. 4배로 축복해 주셨습니다.

슈퍼를 7년 정도 운영하던 중 롯데마트, 이마트, 홈플러스 같은 대형마트들이 들어오기 시작했고 장사가 잘 안되었습니다. 그래서 전세금을 낮춰달라고 요청했더니, 1억 5천에서 7천 5백만 원으로 낮춰주었습니다. 이것은 기적이었습니다. 언니에게 빚을 갚으려고 7천 5백만 원을 들고 갔더니, 언니는 그것만 갚고 나머지는 갚지 말라고 했습니다.

하나님께서 전세로 얻은 슈퍼를 분양받고 매입하게 해주셨습니다. 어느 날 건물주인 대백건설에서 슈퍼가 있는 상가 건물을 분양한다고 했습니다. 최소 2억은 줘야 하는 상황이었지만, 1억 원에 분양받았습니다. 그렇게 해서 저희는 슈퍼를 소유하게 되었습니다. 또한 슈퍼 옆에 12평 상가도 2천만 원에 함께 분양받았습니다. 계속해서 채워주신 하나님께 감사를 드립니다.

복을 받는 비결

27년 전, 우리는 몰랐지만 하나님은 슈퍼 자리에 성전을 지을 계획을 가지고 계셨습니다. 하나님께서 저희 부부에게 슈퍼마켓을 하게 하셔서 성전으로 만들게 하셨습니다. 저는 슈퍼를 하면서 골방 기도를 20년 정도 계속 쌓아왔습니다. 그 기도의 자리가 성전이 되게 하라고 하셨습니다.

남편은 고아로 자라면서 "나는 땅도 없고, 건물도 없는데….'라고 했습니다. 그러나 하나님의 은혜로 물질의 복을 받았습니다. 두 자녀를 음악을 전공하게 하셨습니다. 또한 하나님의 성전을 건축해서 봉헌하는 복을 받았습니다. 그런데도 항상 하나님께 죄송한 것은 자식들 뒷바라지하느라고 시간과 물질을 부스러기만 드린 것 같아서 죄송했습니다. 하지만 하나님은 얼마나 많이 했느냐보다는 최선을 다하는 것을 보시는 것 같았습니다.

저는 하나님께 수많은 시간 기도를 드렸지만 물질의 복을 달라는 기도는 하지 않았습니다. '주님의 뜻을 이루소서'라는 찬양을 주로 부르며, 제 삶이 예배가 되고 전도가 되게 해달라고 기도했습니다. 하나님은 그 나라와 그 의를 구하라고 하셨고, 하나님이 채워주신다고 하셨습니다. 제 삶은 그 약속이 현실로 이루어진 증거입니다.

주님은 우리의 형편과 사정을 모두 아십니다. 우리에게 무엇이 필요한지 누구보다 잘 아십니다. 그러므로 오직 주님이 기뻐하시는 삶을 살기를 구하고 찾으면, 나머지는 모두 채우십니다.

저는 은사를 구하지 않았지만, 하나님이 선물로 주셨습니다. 기도가 차고 말씀도 채워지니 구하지 않아도 은사가 임했습니다. 방언 기도로 밤새워 기도하다 보니 자연스럽게 이루어졌습니다.

하나님께서 저를 창살 없는 감옥에 가두고 말씀과 기도로 훈련시키셨습니다. 콩나물시루에 물을 주면 틈새 구멍으로 물이 빠지지만, 그래도 콩나물은 자랍니다. 마찬가지로 성경을 읽고 또 읽고 잊어버려도 계속 묵상하고 읽다 보니 내공이 쌓였습니다. 방언 기도로 밤을 새우면서 계속 기도하다 보니 각종 은사가 임했습니다.

저는 이종선 목사님의 "기도가 만든 어메이징 스토리" 책을 읽으면서 은사는 기도와 말씀이 쌓일 때 임한다는 것을 깨달았습니다. 이종선 목사님도 오랜 시간 성령의 은사를 사모하셨고, 40일 금식기도를 비롯해 수많은 시간을 기도하셨습니다. 그 후 말씀과 기도가 임계점에 도달하자 성령의 기름 부으심과 능력이 그분에게 임하셨습니다.

그러므로 은사를 받으려고 온 사방을 쫓아다니지 말고, 이종선 목사님처럼 제대로 된 곳에 가서 계속 말씀과 기도의 내공을 쌓으시기를 바랍니다.

"너희는 먼저 그의 나라와 그의 의를 구하라 그리하면 이 모든 것을 너희에게 더하시리라." (마태복음 6장 33절)

심은대로 거두리라

하나님께서는 우리가 심은 대로 거둔다는 원리를 성경을 통해 여러 차례 강조하셨습니다. 갈라디아서 6장 7절에서 "스스로 속이지 말라. 하나님은 업신여김을 받지 아니하시나니, 사람이 무엇으로 심든지 그대로 거두리라."는 말씀은 우리의 행동과 헌신이 어떻게 우리 삶에 영향을 미치는지를 잘 보여줍니다. 앞에서 제가 물질적으로 영적으로 많은 축복을 받았다는 간증을 했는데, 그것은 제가 하나님이 감동 주실 때마다 물질과 기도와 정성을 심었기 때문입니다. 그래서 저는 성도들에게 심는 것을 행동으로, 말씀으로 많이 가르치고 있습니다.

평신도 시절, 제가 다니던 교회에 그랜드 피아노가 없어서 마음에 걸렸습니다. 우리 집에는 그랜드 피아노가 있었지만, 하나님 아버지 집에는 없다는 사실이 저를 죄송하고 미안한 마음이 들게 했습니다. 그래서 결심하고 하루에 3천 원씩 적금을 10년 넘게 넣었습니다. 성전이 확장되고 리모델링하여 이사할 때, 그랜드 피아노를 사서 제단에 드렸습니다. 기도 중에 하나님께서 "네가 3천번제를 드렸다."라고 말씀하셨습니다. 저는 전혀 그런 생각을 하지 못했지만, 하나님께서는 제 작은 헌신을 기쁘게 받아주셨습니다. 또한, 큰딸이 쓰는 그랜드 피아노는 열린문교회 개척할 때 성전에 올려드렸습니다. 이렇게 심은 대로 거두는 경험은 제 삶에 계속해서 이어졌습니다.

정성순 권사님께서는 심은 대로 거둔다는 말씀에 따라서 열린문교회가 큰 성전으로 확장 이전할 때, 아들과 딸, 그리고 사위 앞으로 일천번제씩 한꺼번에 3천 번제를 심었습니다. 한사람에 3천 원씩 해서, 하루 1만 원씩 헌금을 드리면서 기도했습니다. 제가 먼저 심으니까 그분들이 저희 교회를 위해서 심었습니다. 그뿐만 아니라 교회 건축을 위해서 3년 적금을 넣어서 '어디에 심을까?' 기도를 하던 중에 열린문교회에 심으라는 감동을 받고 천만 원을 또 심으셨습니다.

예전에 제가 섬기던 교회에 금 성찬 세트를 사서 헌물로 드렸습니다. 그런데 저희 교회의 조순자 집사님이 금 성찬 세트를 헌물로 드렸습니다. 이렇게 제가 심었더니 그대로 돌아오는 경우를 많이 체험했습니다.

그뿐만 아니라 김복남 권사님은 보험을 담보로 융자를 500만 원을 받아서 열린문교회에 심으셨습니다. 김복순 큰언니는 돌아가시면서 좋은 일에 쓰라고 유산으로 1억을 주고 가셨습니다. 저는 그 돈을 하나님이 심으라는 곳에 계속 심었습니다. 제 동생인 김숙자 권사는 땅을 팔아서 열린문교회에 심었습니다. 성전 건축할 때 하나님께서 '많은 사람이 심어서 복을 받게 해야 한다'라고 하셨습니다. 그래서 허진련, 이정은 집사님은 에어컨을, 이종선 사모님은 방송 장비를, 인천 황의순 집사님은 집을 팔아 천만 원을, 박경순 목사님은 남편 사망 보상금 중 천만 원을, 김복희 집사님은 500만 원을 저희 교회에 심으셨습니다. 그리고 양무리 교회에서는 개척자금 200만 원을 지원해 주셨습니다.

열린문교회는 어느 한 사람에 의해서 세워진 것이 아닙니다. 수많은 사람의 헌신과 기도로 운영되고 있습니다. 인천의 이경숙 집사님은 저의 대학원 졸업비와 목사 가운과 목회자 세미나 비용까지 지원해 주었습니다. 먼저 섬기던 교회 박시현 장로님은 지금까지 성미 쌀로 1년에 한 가마씩 보내 주십니다. 김종석 목사님은 주방 기구 일체를 섬겨 주셨습니다. 심지어는 강대상의 물컵, 물수건까지 이 부족한 종을 위해 여호와 이레 하나님께서 준비해 주셨습니다. 김정희 집사님은 저희 교회에서 부흥 집회를 하는데 500만 원을 강사료로 지원해 주었습니다. 김병국 장로님께서는 지금까지 회계업무를 도와주고 있습니다.

그 외에도 많은 분이 저의 사역과 교회를 위해서 물심양면으로 후원해주시고 기도해 주셨습니다. 그분들에게 진심으로 감사를 드립니다. 저는 그 사랑을 갚을 길이 없어 심은 대로 거두게 하시는 하나님께 그분들과 후손을 위해서 기도해 주고 있습니다.

필리핀 선교 이야기

어느 날, 모르는 사람에게 카톡이 왔습니다. "하나님께 열어볼까요?"라고 묻자, "열어보라"고 하셨습니다. 카톡을 보낸 분은 필리핀 선교사였습니다. 알고 보니 아는 권사님의 동생이었습니다. 선교사님은 예배드릴 장소가 없어서 광장에서 예배를 드리고 있었는데, 시에서 그곳을 사용해야 한다고 했습니다. 그래서 중보 기도를 요청하는 카톡이었습니다.

제가 기도하는데, "이것은 하나님이 계획하신 일이니 걱정하지 말라"는 응답을 주셔서 선교사님께 전했습니다.

선교사님은 협심증을 앓고 계신 상황에서도 선교를 떠나셨습니다. 하나님은 그 선교를 보고 계셨고, 축복하기 위해 이 일을 계획하신 것이라고 하셨습니다. 질병도 치유해 주시고, 건강도 회복해 주실 것이라고 응답해 주셨습니다.

하나님은 저에게 천만 원을 헌금하라고 하셨고, "여호와 이레의 하나님께서 준비하신다."라고 하셨습니다. 저는 "아멘!"으로 응답했습니다. 비록 돈은 없었지만 기뻤습니다. "왜 이런 축복이 나에게 왔지?"라고 생각하며 가슴이 설레었습니다. 저는 믿음으로 하나님께서 어떤 방법으로든지 천만 원을 채워주실 줄 알았습니다.

돈을 준비하려고 기도하는데, 하나님께서 "너의 통장에 알제리 선교를 위해 모아놓은 돈이 있다. 300만 원 중에 150만 원을 헌금하라"고 말씀하셨습니다. 남편에게는 외손녀가 태어났으니 150만 원을 헌금하라고 했습니다. 동생이 전화를 걸어와 "나도 필리핀에 선교 헌금하고 싶은데 얼마를 하면 좋을까?"라고 물었습니다. 제가 기도하니 700만 원을 하라고 하셨고, 그렇게 해서 천만 원이 채워졌습니다.

건축 헌금과 영어 성경, 필리핀 성경책 구입비를 포함해 1,240만 원을 보내주었습니다. 그렇게 해서 필리핀에 2층 건물이 세워졌습니다. 할렐루야!

몇 년 후, 기도하던 중에 하나님이 선교사님께 전화해서 기도해 주라고 했습니다. 제가 전화해서 기도하는데, "교회에서 나가면 오른쪽에 성전 자리가 예비되어 있으니 교회를 이전하라"고 하셨습니다. 또한 일자리 창출을 위해서 분식점 1호점을 운영하고 있었는데, 2호점을 내라고 하셨습니다.

하나님께서 또 헌금을 하라고 하셔서, 교회와 저의 지인들이 약 3천만 원을 지원해 주었습니다. 그렇게 해서 올해 5월에 200평의 땅에 교회와 게스트 하우스를 세웠습니다.

저는 돈이 있어서 선교하고 돕는 것이 아닙니다. 하나님이 도와주라고 하시면 "아멘!" 하고 순종합니다. 그러면 여호와 이레의 하나님께서 모든 것을 준비해 주십니다. 그래서 저는 '하나님의 심부름꾼'이라고 말하곤 합니다.

2024년 8월에 캄보디아 선교하러 가면서 건축 헌금 300만 원을 가지고 갔습니다. 누구에게도 300만 원이 필요하다고 말하지 않았는데, 기도하는 오빠를 통해서 하나님이 채워주셨습니다. 저는 축복의 통로로 쓰임 받는 것 외에는 없습니다.

인천 기쁨의 교회 협력 사역자

교회를 개척한 후, 저는 1인 5역을 하면서 숨 가쁠 정도로 바쁘게 살아왔습니다. 그러다 보니 어느 순간 육체적, 정신적, 영적으로 탈진이 왔습니다. 만사가 귀찮고 의욕이 없으며 너무 피곤했습니다. 그때 김형순 목사님께서 좋은 곳이 있으니 같이 가보자고 몇 번이나 권유하셨습니다. 그리고 1회 회비를 내주셨습니다. 그렇게 해서 간 곳이 인천에 있는 이종선 목사님이 시무하시는 기쁨의 교회입니다. 당시 매달 목회자 치유 세미나와 성회를 3박 4일간 인도하고 계셨습니다. 좁은 공간에 200명이 넘는 사람이 참여해 뜨겁게 기도하며 성령의 기름 부음과 치유의 역사가 일어나고 있었습니다.

당시 하나님께서 이단들을 조심하라고 하시면서 어디를 가든지 항상 기도해보고 가라고 했기 때문에 기도를 했습니다. 그래서 저는 기쁨의 교회 소개를 받고 주님께 그곳이 어떤 곳인지 알려달라고 기도했습니다. 그랬더니 주님께서 "이종선 목사는 특별히 사랑하는 종이고, 그곳은 깨끗한 곳"이라고 말씀하셨습니다.

저는 목회자 성회에 참석하고 너무 놀랐습니다. 제가 골방에서 받은 종합 선물 세트 같은 은사들을 통합 측 목사님이 사람들에게 가르치고 있었기 때문입니다. '왜 나는 이제까지 이런 곳을 몰랐을까? 내 주변에 목사님들은 이렇게 좋은 곳이 있는데, 왜 와서 배우지 않는가?' 하는 생각이 들었습니다.

저는 이곳에서 영적으로 회복하는 은혜를 누렸습니다. 전통교회에서는 아무도 내가 받은 은사에 대해 아는 사람이 없고, 상담해 주는 사람도, 가르쳐 주는 사람도 없었습니다. 나 혼자 하나님께 질문하면서 찾아가는 힘든 시간을 보냈습니다. 그렇게 하다 엘리야처럼 탈진하고 말았습니다. 그런데 이곳에 와서 이종선 목사님을 통한 성령의 기름 부음을 받았습니다. 그리고 성령 사역과 치유 사역하는 많은 목회자를 만나면서 위로받고 회복이 되었습니다. 저는 마치 보물을 찾은 것처럼, 매우 기쁘고 행복했습니다.

당시 집회 장소가 협소하여 땀 냄새가 나고, 화장실이 부족하고, 샤워실도 없었습니다. 조그만 지하실에 사람들이 수백 명 모여 있는데, 건축이 시급하다는 생각이 들었습니다. 그때 이종선 목사님이 한 평 헌금에 대해 설교하고 계셨습니다. 성전을 건축하는데 한 평에 550만이 소요되니 감동되시는 분은 헌금하라는 내용이었습니다. 저도 하고 싶었지만, 돈이 하나도 없었습니다. 안타까운 마음을 품고 집으로 돌아왔습니다. 그런데 어느 날 하나님께서 저에게 이렇게 말씀하셨습니다.

하나님: 너 한 평 헌금하고 싶지?
나: 네. 그런데 돈이 없습니다.

하나님: 네 백을 열어봐라.

나: (백을 있는 대로 다 가져다 놓고 열어보기 시작함) 어! 300만 원이 있네. 이게 무슨 돈이지? (그 돈은 제 환갑날에 지인들이 선물로 준 돈이었습니다. 그런데 정작 저는 인천 기쁨의 교회 치유 집회에 참석하느라 가족들과 환갑 기념 식사조차 못 한 채 돈에 대해 까맣게 잊어버리고 있었습니다) 하나님, 그래도 250만 원이 부족해요.

하나님: 내가 네 언니한테 돈 많이 맡겨놨다. 가져다 써라.
나: (언니에게 바로 전화함) 언니, 아버지가 돈을 많이 맡겨놨다는데, 무슨 돈을 맡겨놨어?
언니: 응. 배를 팔아서 7천만 원을 받았어.
나: (자초지종을 모두 얘기하고) 한 평 헌금하려면 250만 원이 더 필요해.
언니: 그러면 내가 250만 원 부쳐줄게.
나: 고마워 언니.

이렇게 해서 저는 기쁨의 교회 한 평 성전 건축 헌금을 할 수 있었습니다. 이렇게 하나님 아버지는 내가 원하면 할 수 있도록 모든 것을 채워주십니다. 그래서 저는 늘 고백합니다. "하나님이 모두 하셨습니다."

그 후 기쁨의 교회는 새 성전을 건축하였고, 훨씬 좋은 환경에서 치유 성회와 세미나를 할 수 있게 되었습니다. 하나님은 돈 많은 사람을 통해서 건축하게 하실 수도 있지만, 한 사람, 한 사람의 헌신과 기도를 통해서 당신의 일을 하십니다.

저는 기쁨의 교회 성회를 통해 많이 회복되었고, 그 후에도 기회가 날 때마다 열심히 참석해서 은혜를 받았습니다. 혼자서 은사를 받고 사역할 때는 외롭기도 하고 답답하기도 했는데, 많은 사람과 함께 협력하니까 더욱 힘이 났습니다. 또한 내가 받은 은혜를 다른 사람들도 동일하게 받는 것을 보면서 더욱 확신 가운데 거하게 되었습니다.

기쁨의 교회가 새롭게 건축된 후에 주차장이 협소하다고 헌금을 하라는 감동을 주셨습니다. 그때도 한 평 헌금 550만 원을 했습니다. 그 후에도 다음 세대를 위한 다니엘 캠프를 위해 헌금하라는 감동을 주셔서 100만 원씩 2번 헌금을 했습니다. 사실 돈이 없는데 하나님이 다 주셨습니다. 그리고 작년 여름 7차 국제 성령치유 세미나가 인천 기쁨의 교회에서 있었습니다. 기도 중에 하나님께서 열방의 군사들을 위해서 군량미 쌀 20킬로 50포대를 섬기라는 미션을 주셨습니다. 저는 아멘! 했습니다. 그리고 동생 김숙자 권사님과 전화 통화 중에 "군량미는 내가 준비해줄게." 라고 했습니다. 저는 아멘! 으로 순종하고 여호와 하나님께서 모든 것을 준비해 주셨습니다. 그러니 하나님이 감동을 주시면 무조건 순종하세요. 그러면 기적을 보게 될 것입니다.

기쁨의 교회 성회를 다니면서 은혜를 받고 있을 때였습니다. 마침 기쁨의 교회 성전 건축이 시작될 무렵이었는데 기도 중에 열린문교회도 성전을 확장하라는 말씀을 주셨습니다. 믿음으로 순종해 남편을 설득하여 성전 확장을 무사히 마쳤고 기쁨의 교회도 새 성전을 건축해 이전했습니다. 이후 코로나19로 인하여 2년을 성회에 참석하지 못하다가 코로나19가 잠잠해지면서 다시 기쁨의 교회에 갈 수 있었습니다. 그 무렵, 그리스도 세계선교회 협력사역자 신청 안내서가 카톡에 올라왔습니다. 카톡을 보는 순간, 섬김받기를 그만하고 이제는 섬기라는 감동을 주셔서 순종하는 마음으로 지원했습니다. 열심히 기도하고 노력한 결과, 합격하여 2022년 10월부터 협력사역자로 섬기게 되었습니다.

이 글을 읽는 분 중에 성령의 능력과 기름 부음을 받고 각종 은사를 체험하고 싶다면 인천 기쁨의 교회 치유 대성회에 참석해 보시기 바랍니다. 질병이나 귀신 들림, 각종 문제 때문에 고통스럽다면 주저하지 말고 참석해 보시기 바랍니다. 수많은 사람이 이 성회를 통해서 영, 육, 혼이 치유받고 회복되었습니다. 그뿐만 아니라 성령의 능력과 기름 부음을 받고 하나님의 종으로 귀하게 쓰임 받고 있습니다. 지금도 사도행전의 기적은 일어납니다. 혼자 하는 것보다 함께 하면 훨씬 쉽습니다. 힘이 납니다. 협력하여 하나님의 선한 역사를 이룰 수 있습니다.

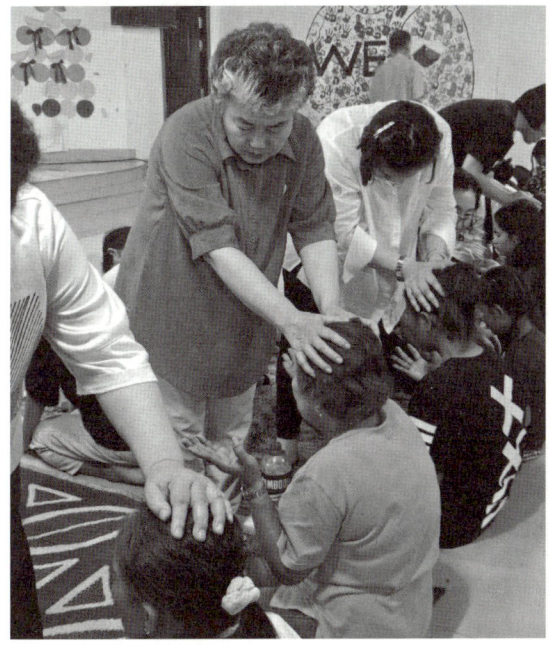

캄보디아에서 말씀을 전하고 기도해주는 김화분목사

질병으로 쓰러지다

2022년, 남편이 뇌경색으로 쓰러졌습니다. 병원에 20일 정도 입원한 후 재활 치료를 받았지만, 남편은 기억력이 떨어지고 한쪽 다리를 절게 되었습니다. 저는 간호를 하면서 힘든 시간을 보냈습니다.

2023년 7월, 저에게도 위기가 찾아왔습니다. 어느 날, 머리가 어지러워 바닥에 쓰러져서 걸을 수 없었습니다. 119 구급차에 실려 병원 응급실로 이송되었습니다. 다행히 종합검사 결과 이상이 없다고 나왔습니다. 의사는 뇌경색의 전조현상이라며 과로와 스트레스가 원인이라고 했습니다. 신학 공부, 개척교회 사역으로 바쁘게 지내며 상담과 축귀 사역을 하느라 몸과 마음이 지쳐 있었습니다. 하나님께서는 "건강은 네가 지켜야 한다"라고 하시며 운동하라고 하셨습니다.

그래서 병원에 입원하라는 의사의 권유를 거부하고, 인천에 있는 동생 집으로 가서 2개월 동안 잘 먹고 잘 쉬었습니다. 동생 집 근처에는 편백나무 숲과 양떼 목장이 있어서 자연의 치유를 받으며 심신이 많이 회복되었습니다.

의사가 절대로 과로하지 말라고 했는데, 저는 몸이 괜찮아지자 또

과로했습니다. 그러다가 2024년 초, 다시 머리가 어지럽더니 쓰러졌습니다. 필리핀 선교와 상담 사역으로 무리하게 일한 탓이었습니다. 다시금 하나님께 치유를 간구하며 침 치료를 받았고, 5월에 회복의 기쁨을 맛보았습니다.

하나님께서는 앞으로는 과로하지 말고 건강을 잘 지키라고 하셨습니다. 저는 어릴 때는 몸이 약했지만 어른이 된 후에는 건강했습니다. 그런데 이번에 많이 아프면서 건강의 소중함과 아픈 사람들의 심정을 알게 되었습니다.

우리가 몸이 아플 때는 무조건 하나님께 치유해 달라고만 할 것이 아니라, 우리가 해야 할 것은 해야 합니다. 병원만 의존해서도 안 되고 무조건 하나님께 모든 것을 해 달라고 해서도 안 됩니다. 기도도 하고 병원도 다니고 내가 할 것은 해야 합니다.

하나님께서는 제 건강이 염려되셔서 좋은 여자 부목사님을 붙여주셨습니다. 그분은 저와 신학교 동기인데, 졸업 후에 사역지를 구했지만, 연결이 되지 않아서 기도만 하고 있었습니다. 그런데 기도중에 하나님께서 "너의 엘리야는 김화분 목사이다. 그녀가 몸이 매우 아프니 네가 빨리 가서 도와라. 그리고 평생 김화분 목사님을 섬기라"고 하셨습니다. 그분은 즉시 순종하여 논산에서 구미로 이사왔고, 지금은 저와 함께 하나님의 사명을 감당하고 있습니다. 하나님께서 바울에게 디모데와 디도를 붙여준 것처럼 저에게도 소중한 사람을 붙여주셔서 감사합니다. 이처럼 하나님은 내가 혼자서 감당하지 못할 때 돕는 사람을 보내주십니다.

사실 부목사님은 남편과 사별하는 아픔을 겪었습니다. 회사에서 일하다가 사고로 돌아가셨는데 보상금을 5천만 원밖에 못 받는다고 하셨습니다. 그런데 제가 기도하는데 '합의하지 말고 기다리라'는 감동을 받았습니다. 그래서 1년 반을 기다려서 보상금 1억 5천만 원을 받게 되었습니다. 그분은 너무 감사해서 하나님께 천만 원을 헌금으로 드렸습니다.

하나님은 저를 통해 부목사님께 은혜를 주셨습니다. 제가 인천 기쁨의 교회에 같이 가자고 해서 오셨는데, 교통사고로 허리의 후유증이 있었지만 깨끗이 고침 받았습니다. 그뿐만 아니라 저와 함께 기도 생활하면서 방언 통변과 예언도 열리고 은사의 문이 열리고 있습니다.

여정에 담긴 이야기 / 김윤경 시인

그녀는
사람들의 마음을 울릴 수 있는
복음의 나팔 소리가 되어
구원의 길을 밝혀주는
일꾼으로 쓰임 받고 있습니다.

힘든 여정 속에서
주님이 주시는 감동에 따라 영혼들을 품어
주의 뜻 이뤄드리며
주님의 나라 확장에 동참케하는
아름다운 신앙의 모습을 보게됩니다.

아픔과 고난이 가득한 수많은 사람들...
마음의 상처 보듬어
함께 기도의 소리 높여 주며
회복의 길을 걸어갈 수 있도록
돕고 계시는 그녀는 따뜻한 분이십니다.

기도는 주님을 향한 사랑의 나팔
우리의 영혼을 깨우는 소리
그녀의 글을 통해 알아가는
사랑과 기도의 힘을 가슴에 새기며
나의 삶에도 사랑과 기도를 실천 할 수 있기를…

* 김윤경 시인은 『구미 꿈이 있는 교회』에서 전도사로 사역하고 있습니다.

Part 3

김화분 목사의 상담이야기

요한삼서 1:2
사랑하는 자여, 네 영혼이 잘됨 같이 네가 범사에 잘되고 강건하기를 내가 간구하노라

방구석 소심이 상담사가 되다

저를 아는 사람들은 제가 상담한다고 얘기하면 놀랍니다. 왜냐하면 저는 소심한 성격에 공부도 많이 하지 않았고, 사람과 부딪히는 것을 별로 좋아하지 않아 방콕 스타일로 지냈습니다. 그래서 사람을 만나러 가는 것조차 잘 하지 않았고, 어디 가서도 구석에 앉아 존재감이 없었습니다. 그래서 제가 상담을 하고 사람들을 만나는 것은 꿈도 꾸지 못했던 일이었습니다.

하지만 저는 성령의 기름 부으심과 은사를 받고 삶이 180도로 바뀌었습니다. 하나님은 문제가 있는 사람들을 저에게 붙여주시기 시작하셨습니다. 그들의 얘기를 들어주고 함께 기도하면 하나님이 상황에 딱 맞는 지혜와 지식의 말씀을 주셨습니다. 그래서 제가 사람들에게 얘기해주면 그들은 깜짝 놀라곤 했습니다.

처음에는 저는 자신감이 없어서 '혹시 내가 말 한대로 했다가 좋은 결과가 안 나오면 어떡하지?' 하는 걱정도 했습니다. 그런데 제가 하나님께서 주신 지혜로 상담하니 내담자들도 믿음으로 순종하여 문제가 해결되고, 하나님의 은혜를 경험했습니다. 그런 일들이 거듭될수록 저는 자신감을 갖게 되었고, 이제는 담대하게 하나님이 주신 메시지를 전해줍니다.

　저는 주로 전화상담을 많이 해왔습니다. 전국, 해외에서 수많은 사람이 소문을 듣고 상담 요청을 해옵니다. 이제까지 거의 15년간 수많은 사람에게 상담해 주었습니다. 상담윤리 때문에 내용들을 공개하는 것은 안 되지만 내담자의 허락을 받아 몇 가지를 실었습니다. 여러분에게 조금이라도 도움이 되었으면 좋겠습니다.

　다시 한번 말하지만, 저는 상담을 전문적으로 공부한 사람이 아닙니다. 오직 원더풀 카운셀러이신 성령님의 도움으로 상담합니다. 마치 구약의 사무엘이나 엘리사 선지자가 문제를 가지고 찾아오는 사람들에게 하나님의 해답을 전해 주었던 것처럼 말입니다. 저는 오직 하나님의 메시지를 전달해 주는 심부름꾼입니다.

치유 상담

제가 아픈 사람을 상담할 때 하나님께서 병의 원인과 병명을 알려주실 때도 있습니다. 어떤 때는 병원에 가보라고 하시고 점진적으로 치유하실 때도 있습니다. 반면에 금방 고쳐주실 때도 있고, 안 고쳐주실 때도 있습니다. 어떤 60대 초반이신 목사님은 코로나가 걸렸는데 기도했는데도 불구하고 외롭게 돌아가셨습니다. 그런데 하나님께서 그는 사명을 다해서 하나님이 데려가셨다고 하시면서 오히려 축복이라고 하셨습니다.

어느 날 저희 교회 집사님이 언니가 교통사고 났으니 기도해 달라는 연락이 왔습니다. 의식불명으로 삼성병원에 입원 중이라고 했습니다. 하나님께서 "내가 너희 기도를 듣고 있다. 살린다."라고 응답해 주셨습니다.

집사님이 기도 받고 마음이 평안해져서 병원에 갔더니 초상집 분위기였습니다. 언니는 산소호흡기를 하고 있어서 다시 마음이 불안해졌습니다. 그런데 다음날 의식을 찾았습니다. 제가 다시 기도하는데 정상으로 살아갈 수 있도록 치유할 것이라고 하셨습니다.

많은 사람이 '식물인간이 되면 어떻게 하나?' 걱정했습니다. 하지만 점차 건강을 회복해서 혼자서 생활할 수 있게 되었습니다. 하나님이 응답 주신대로 이루어졌습니다.

가끔 불치병에 걸려서 병원 치료를 거부하고 하나님께 기도로 치유 받고자 하는 분들이 있습니다. 저는 그런 분들에게 치료 여부에 상관없이 모든 것을 하나님께 맡기고 원망하지 말라고 얘기해 줍니다. 어떤 결과가 나오든 감사함으로 모든 것을 받아들일 각오를 하라고 조언해 줍니다. 치유를 위해서 많은 사람이 기도하지만 모든 사람이 건강을 찾는 것은 아닙니다.

육체적, 정신적으로 병든 사람을 위한 가이드라인

1. 기도의 힘

기도는 하나님과의 관계를 깊게 하고, 그분의 도움을 구하는 중요한 수단입니다. 야고보서 5장 14-15절에서는 병든 자가 교회의 장로들에게 기도 받도록 권장하고 있습니다. 기도를 통해 마음의 평안을 얻고, 치유의 길로 나아갈 수 있습니다.

2. 믿음

치유에 있어 믿음은 중요한 역할을 합니다. 예수님께서는 병든자를 치유하시기 전에 믿음을 요구하실 때가 있었습니다. 예를들면, 12년 동안 혈루증을 앓던 여인이 예수님의 옷자락을 만짐으로써 치유받았습니다. 예수님은 그녀에게 "딸아, 네 믿음이 너를 구원하였으니 평안히 가라. 네 병에서 놓여 건강할지어다."라고 말씀하셨습니다. 그녀의 믿음이 그녀를 치유로 이끌었습니다. (막 5:25-34)

3. 공동체의 지원

교회 공동체는 서로의 아픔과 고통을 나누고 기도해 주는 장소입니다. 갈라디아서 6장 2절에서는 "너희가 짐을 서로 지라."고 말씀하며 공동체의 지지가 치유에 큰 도움이 됨을 강조합니다.

4. 하나님의 말씀

성경은 치유와 회복에 대한 하나님의 약속을 담고 있습니다. 시편 107편 20절에서는 "그의 말씀을 보내어 그들을 고치시고, 위험한 지경에서 건지시는도다."라고 말씀합니다. 하나님의 말씀을 묵상하고, 그 안에서 위로와 희망을 찾는 것이 중요합니다.

5. 감사의 태도

치유의 과정에서 감사하는 태도를 유지하는 것이 중요합니다. 데살로니가전서 5장 18절에서는 "범사에 감사하라. 이는 그리스도 예수 안에서 너희를 향하신 하나님의 뜻이니라."라고 하며, 감사하는 마음이 치유와 회복에 긍정적인 영향을 미친다고 가르칩니다.

6. 포기하지 않는 인내

치유는 때로 시간이 걸릴 수 있습니다. 로마서 5장 3-4절에서는 "환난은 인내를, 인내는 연단을, 연단은 소망을 이루는 줄 앎이로다."라고 말씀합니다. 인내하며 하나님을 신뢰하는 자세가 필요합니다.

7. 전문적인 도움

육체적, 정신적 치유를 위해 전문적인 의료와 상담을 받는 것도 중요합니다. 하나님께서는 의사와 치료사들을 통해서도 치유의 사역을 하십니다. 마태복음 9장 12절에서 "건강한 자에게는 의사가 쓸 데 없고, 병든 자에게라야 쓸 데 있느니라."는 말씀처럼, 필요한 경우 전문적인 도움을 받는 것이 중요합니다.

8. 회복을 위한 행동

치유와 회복을 위해서는 자신의 건강과 정신적 웰빙을 위해 적극적으로 노력해야 합니다. 이는 영적, 신체적, 정서적 건강을 모두 포함하며, 고린도전서 6장 19-20절에서 "너희 몸은 너희가 하나님께로부터 받은 바, 너희 가운데 계신 성령의 전인 줄을 알지 못하느냐."라고 말씀하신 것처럼, 몸을 소중히 여기는 태도가 필요합니다.

이러한 원리와 원칙들은 육체적, 정신적으로 병든 사람들에게 하나님의 사랑과 치유를 경험하게 하는 데 중요한 역할을 합니다. 하나님께서는 우리의 아픔을 이해하시고, 그 속에서 회복과 치유의 길로 인도하십니다.

하나님께 치유를 간구하지만 건강이 회복되지 못하고 세상을 떠나는 경우가 있습니다. 이러한 상황은 매우 힘들고 슬프며, 남아 있는 이들에게 큰 상실감을 안겨줍니다. 그러나 우리는 이와 같은 경우에도 하나님께서 우리에게 주시는 위로와 지혜를 찾을 수 있습니다. 다음은 그러한 상황에서의 조언과 성경 말씀입니다.

1. 하나님의 뜻을 신뢰하기

하나님께서는 우리의 생사와 모든 일을 주관하십니다. 때때로 우리가 이해할 수 없는 방식으로 일하시기도 합니다. 이사야 55장 8-9절에서는 "내 생각은 너희의 생각과 다르며, 내 길은 너희의 길과 다르니라."라고 말씀하십니다. 하나님께서 우리의 기도를 듣고 계시지만, 그분의 뜻이 우리와 다를 수 있음을 받아들이는 것이 중요합니다.

2. 고난 속에서의 소망

고난은 때때로 하나님의 계획 속에서 중요한 역할을 합니다. 로마서 8장 28절에서는 "우리가 알거니와 하나님을 사랑하는 자, 곧 그 뜻대로 부르심을 입은 자들에게는 모든 것이 합력하여 선을 이루느니라."라고 말씀합니다.

하나님께서는 때로는 치유하지 않으시고, 대신 그 아픔과 약함을 통해 특별한 사명과 목적을 이루시는 경우가 있습니다. 이러한 사례로 뇌성마비 환자인 송명희 시인과 화상을 입은 이효진 자매의 이야기를 들 수 있습니다.

〈공평하신 하나님〉이라는 시와 노래로 유명한 송명희 시인은 뇌성마비를 앓고 있지만, 그 어려움을 딛고 시인으로서의 삶을 살아가고 있습니다. 그녀는 자신의 장애를 통해 하나님께서 주신 메시지를 전하고, 많은 이들에게 희망과 용기를 주는 작품을 창작합니다.

〈네 약함을 자랑하라〉의 저자인 이효진 자매는 화상을 입은 후에도 많은 이들에게 사랑과 희망을 전하는 삶을 살고 있습니다. 그녀는 자신의 상처와 고통을 통해 하나님께서 주신 사명에 집중하며, 그 아픔을 통해 다른 사람들에게 위로와 격려를 전하고 있습니다. 이효진 자매는 자신의 외적 모습이 아닌, 내적인 아름다움과 하나님께서 주신 힘으로 많은 사람들에게 영감을 주고 있습니다.

이 두 사례는 하나님께서 때로는 직접적인 치유를 하지 않으시더라도, 그 고통과 약함을 통해 더 큰 계획을 이루신다는 것을 잘 보여줍니다. 하나님은 우리의 약함을 통해 그분의 능력과 은혜가 드러나도록 하시며, 그 과정에서 많은 사람들에게 영감을 주는 사역을 하도록 인도하십니다. 하나님께서는 우리의 아픔과 고난 속에서도 여전히 일하고 계십니다.

방구석 청년 밖으로 끄집어내다

최근 한국에서는 방구석에서 나오지 않는 청년들이 점점 증가하고 있습니다. '2022 청년 삶 실태조사(국무조정실 주관)'에 따르면, 고립 은둔 청년의 비율은 5%로 전체 청년 인구에 적용하면 약 54만 명으로 추정됩니다. 이는 청년 100명 중 5명꼴로 은둔 생활을 하는 셈입니다. 왜 고립 청년이 이처럼 증가할까요?

첫째, 사회적 압박과 스트레스 때문입니다. 학업, 취업, 대인관계 등에서 오는 과도한 스트레스와 압박이 청년들을 은둔하게 만듭니다.

둘째, 경제적 어려움 때문입니다. 취업난과 경제적 불안정으로 인해 사회활동을 포기하고 은둔 생활을 선택하는 경우가 많습니다.

셋째, 정신 건강 문제 때문입니다. 우울증, 불안장애 등 정신 건강 문제로 인해 외부 활동을 피하게 됩니다.

넷째, 가족 문제 때문입니다. 가정 내 갈등이나 부모와의 관계 문제도 청년들이 은둔 생활을 하게 만드는 요인 중 하나입니다.

다섯째, 디지털 중독 때문입니다. 인터넷과 게임에 과도하게 몰입하면서 현실 세계와의 단절이 심화됩니다.

첫 번째 에피소드

권사님의 아들이 방에서 고립된 생활을 하고 있다는 얘기를 들었습니다. 그 청년은 대학에 다니다가 중퇴하고 군대에 갔다가 복학하지 않았습니다. 군대에서의 어떤 경험이 그에게 큰 충격을 준 것 같았습니다. 그 후로 그는 얼마 동안 방 안에만 있었습니다.

기도를 하던 중 하나님께서 아들을 방에서 끌어내는 방법을 가르쳐 주셨습니다. 예를 들어, 아들이 좋아하는 아이스크림을 사다 주거나, 아빠가 어깨가 아프다고 안마를 부탁하는 등 자꾸 밖에 나올 수 있도록 동기부여를 했습니다. 결국 그는 거실로 나오게 되었습니다.

저는 그 청년과 만나서 그가 하고 싶은 일에 관해 대화를 나누었습니다. 제가 어머니와 함께 무언가를 해보는 것이 어떨까 제안했더니, 그는 생각해 보겠다고 했습니다. 깊이 있는 이야기는 더 이상 나누지 않았지만, 병원과 연결해서 전문가에게 상담받도록 하는 것이 좋겠다는 생각이 들었습니다. 상담을 통해 그가 마음속 깊은 이야기를 꺼낼 수 있도록 돕기 위해서였습니다. 그 청년은 결국 병원에서 전문적인 상담 치료를 받게 되었습니다.

치료 후에, 그 청년은 아버지와 시골로 이사를 하였습니다. 함께 집을 짓고 농사일도 하며 새로운 삶을 시작하고 있습니다.

두 번째 에피소드

어떤 청년은 외국에 유학을 다녀온 후, 아버지 회사에서 함께 일했지만 세대 차이로 갈등을 겪었습니다. 그래서 3년 동안 방콕 생활을 했습니다. 저는 기도 부탁을 받고 기도하는데 "그냥 놔둬라. 그 기간이 필요하다."라는 응답을 받았습니다. 그 청년은 아버지의 말투 때문에 상처를 받았습니다. 저는 대화를 통해서 기성세대의 언어가 젊은 세대에게는 욕으로 들리고 상처가 된다는 것을 알게 되었습니다.

그래서 저는 청년의 어머니를 통해서 청년이 아버지를 이해할 수 있도록 도와주었습니다. 그리고 아버지도 옛날 어른들에게 그렇게 배웠기 때문에 그렇게 말하는 것이라고 청년에게 이야기해 주었습니다. 아버지에게는 언어를 바꾸라고 설득하였고, 자녀들과 소통하는 방법을 가르쳐 주었습니다.

3년이 지나고 나니 청년은 다시 방에서 나올 수 있게 되었습니다. 중간에 또 한 번의 충돌이 있었지만, 하나님께서 "놔두면 괜찮아질 것이다."라고 말씀하셨고 나중에 다시 회복되었습니다. 부모님은 힘들 때마다 하나님의 메시지를 듣고 불안한 마음이 평안해졌고, 하나님의 때를 기다릴 수 있게 되었습니다. 이런 과정을 통해 부모님과 자식이 새롭게 변화되고 치유되는 시간이었습니다.

현재 그 청년은 아버지 회사에서 같이 일하고 있으며, 아버지와의 관계도 좋아졌습니다. 코로나의 어려움도 잘 극복하고, 힘든 상황에서도 긍정적으로 생활을 해나가고 있습니다. 이처럼 방구석 청년을 밖으로 끄집어내는 일은 쉬운 일이 아니었습니다. 하지만 반드시 믿음을 가지고 기도하고 인내하면 좋은 결과가 있습니다.

방구석 청년을 밖으로 끄집어내는 팁

1. 작은 동기부여: 청년이 좋아하는 음식이나 활동을 통해 방에서 나올 수 있도록 작은 동기부여를 제공합니다.
2. 가족의 도움: 가족이 함께 노력하여 청년이 외부 활동에 참여할 수 있도록 돕습니다.
3. 대화와 상담: 청년과 대화를 나누며 그들의 관심사와 하고 싶은 일을 찾아줍니다. 필요할 경우 전문 상담을 연결해 줍니다.
4. 기도와 인내: 기도를 통해 하나님의 인도하심을 구하고, 인내심을 가지고 기다립니다.
5. 긍정적인 환경 조성: 청년이 긍정적인 환경에서 생활할 수 있도록 지원해야 합니다.

이 모든 과정에서 중요한 것은 "하나님의 인도하심을 신뢰하고, 청년의 회복을 위해 꾸준히 기도하는 것"입니다. 성경 말씀에 "너희 염려를 다 주께 맡기라 이는 그가 너희를 돌보심이라." (베드로전서 5:7) 고 하신 것처럼, 우리는 하나님께 우리의 염려를 맡기고 그분의 도우심을 구해야 합니다.

폭력에 시달리는 자녀들을 위한 상담

한국에서는 가정폭력이 꾸준히 사회적 문제로 대두되고 있습니다. 경찰청의 통계에 따르면, 매년 수만 건의 가정폭력 사건이 신고되고 있습니다. 가정폭력은 아이에게 여러 가지로 안 좋은 영향을 미칩니다.

첫째, 가정폭력의 목격은 아이에게 깊은 트라우마를 남길 수 있습니다. 아이들은 부모의 폭력적인 행동을 직접 목격하거나 폭력의 결과로 인한 고통을 경험함으로써 불안, 우울, 분노 등의 감정을 느낄 수 있습니다.

둘째, 가정폭력을 경험한 아이들은 공격적이거나 반항적인 행동을 보일 수 있으며, 이는 또래 관계에 부정적인 영향을 미칠 수 있습니다. 학업 성취도에도 악영향을 미쳐 학교 생활이 어려워질 수 있습니다.

셋째, 가정에서 폭력을 목격한 아이들은 건강한 대인 관계를 형성하는 데 어려움을 겪을 수 있습니다. 폭력적 환경에서 성장한 아이들은 다른 사람과의 관계에서 신뢰를 가지기 어려워지며, 결과적으로 사회적 고립을 느낄 수 있습니다.

넷째, 연구에 따르면, 가정폭력을 경험한 아이들은 성인이 되어 결혼 후에도 폭력적인 관계를 재생산할 가능성이 높습니다. 즉, 폭력의 악순환이 이어질 수 있습니다.

가정폭력은 단순한 개인의 문제가 아니라 사회 전반에 영향을 미치는 심각한 문제입니다. 특히, 아이들은 이러한 폭력의 직접적인 피해자이자, 미래의 폭력의 가해자가 될 위험이 있습니다. 따라서 가정폭력을 예방하고, 피해자와 그 자녀를 지원하기 위한 사회적 노력이 절실히 필요합니다. 상담, 교육, 법적 지원 등 다양한 방안을 통해 아이들이 건강하게 성장할 수 있도록 도와야 합니다.

상담 사례 1

초등학생 때부터 학폭에 시달렸던 아이가 어머니와 함께 왔습니다. 기도 중에 하나님께서 어머니에게 해줄 말과 아이에게 해줄 말을 주시면 저는 그대로 전달해 주었습니다. 사람마다 처한 상황이 모두 다르기 때문에 수학 공식처럼 해답이 존재하지 않습니다. 하지만 모든 상황을 아시고 모든 문제에 해답을 가지고 계신 전지전능하신 하나님께서 내담자가 처한 상황에 가장 적합한 지혜와 지식의 말씀을 주십니다. 아이와 어머니는 하나님의 말씀에 순종하면서 조금씩 좋아져서 나중에는 학폭의 상처에서 치유를 받게 되었습니다. 그리고 지금은 건강한 대학생이 되어 선교를 하는 멋진 하나님의 자녀가 되었습니다.

부모가 아이들을 데려와서 상담을 받는 경우, 하나님께서는 아이의 상황에 맞게 다양한 처방을 주십니다. 어떤 아이는 용돈을 주라고 하시고, 어떤 아이는 특정한 음식을 사주라고 하고, 영양이 부족한 경우에는 영양제를 사주라고 하십니다. 그러면 저는 그대로 순종해서 아이들에게 해줍니다. 그러면 아이의 마음이 열리고 상담이 잘 진행됩니다.

상담 사례 2

초등학생이 어머니와 함께 저를 찾아왔습니다. 아이는 말을 하지 않았습니다. 왜냐하면 부모가 아이 앞에서 자주 싸움을 했는데, 그것을 보면서 마음의 상처를 많이 받았기 때문입니다. 어떤 질문을 하면 말 대신에 글을 써서 보여주곤 했습니다. 그래서 저는 계속 기도하면서 아이에게 글로 적은 것을 읽어보라고 얘기를 했습니다. 하나님이 주신 지혜로 아이에게 필요한 말을 해주고, 아이가 원하는 것을 주면서 친해지기 위해 노력했습니다. 그러면서 아이도 마음의 문을 열고 조금씩 말을 하기 시작했습니다. 그것이 치유의 첫걸음이었습니다.

하지만 저는 상담을 하면서 아이만 치유된다고 문제가 해결되지 않는다는 것을 알게 되었습니다. 왜냐하면 아이가 가지고 있는 문제의 모든 원인이 부모와 조상들에게서 내려오는 죄 때문입니다. 그러므로 부모가 자신의 행동을 돌아보고 바꾸려는 노력을 하지 않는다면, 자녀의 치유는 한계에 부딪힐 수 있습니다. 아이가 좋아졌다고 해도 다시 부모의 폭력적인 언행을 보면 상처를 받고 원래대로 돌아갈 수 있습니다. 그러므로 아이의 치유를 위해서는 부모가 모두 함께 노력해야 합니다.

폭력에 시달리는 자녀들을 위한 기독교 상담은 단순한 문제 해결이 아닌, 가족 전체의 치유와 변화를 목표로 해야 합니다. 부모와 자녀가 함께 하나님 안에서 회복되고, 서로를 이해하고 사랑하는 관계로 나아가기를 소망합니다.

개척교회 목회자 상담

많은 교회가 개척되고 있지만, 그만큼 많은 어려움도 겪고 있습니다. 최근 조사에 따르면, 개척교회 목회자 10명 중 8명이 생활고와 경제적 어려움을 가장 큰 문제로 꼽았습니다. 개척교회의 생존율은 매우 낮아, 100개 중 1~2개 교회만이 살아남는 현실입니다. 저 역시 50대에 신학을 공부하고 개척한 여자 목사로서 개척이 얼마나 어려운 일인지 통감하고 있습니다.

오늘날, 많은 여자 목사님들이 개척하고 있습니다. 이들은 하나님께서 주신 은사를 활용하고자 하여 교회를 개척하게 된 경우가 많습니다. 하지만 개척하면서 현실의 어려움에 부딪히는 경우도 많습니다.

예를 들어, 어떤 목사님은 과거 의사였지만, 목회자로 부르심을 받아 신학 공부를 시작했습니다. 하지만 개척 후에는 현실과 마주했을 때, 예상했던 것과 달라 힘들어하셨습니다. 이러한 어려움 속에서 부족한 부분을 채우기 위해 여러 세미나에 참석하거나 다양한 사람들을 만나려고 하기도 합니다.

하지만 저는 그런 외부의 도움도 중요하지만, 무엇보다도 성경을 읽고 하나님께 기도하는 시간이 더 중요하다고 생각합니다. 기도와 말씀을 통해 하나님의 뜻을 찾는 것이 우선되어야 한다고 믿습니다. 저는 개인적으로 기도원이나 세미나에 많이 다니는 스타일은 아니었습니다.

개척교회를 하면서 힘들어하는 목사님들에게 제가 하고 싶은 말은, "성경을 보고 기도하는 일에 집중하라"는 것입니다. 세미나만 쫓아다니지 말고, 시간을 내어 하나님과의 관계를 깊이 있게 쌓는 것이 중요하다고 강조하고 싶습니다.

기도하고 말씀을 통해 하나님의 인도하심을 받는 것이 해답이 될 수 있습니다. 각자의 상황과 훈련이 다르므로, 하나님께서 각자에게 맞는 길을 준비해 주실 것입니다.

다음은 제가 개척하면서 느낀 점들입니다. 개척교회 목사님들에게 조금이라도 도움이 되면 좋겠습니다.

1. 하나님과 깊은 관계 형성

목사님들은 성경을 깊이 읽고, 기도하는 시간을 가지는 것이 중요합니다. 하나님과의 관계를 우선시하면서, 기도를 통해 방향성을 찾고 하나님의 뜻을 이해하는 것이 필요합니다. 기도가 목회에 있어 중요한 기초가 됩니다.

2. 현실적인 기대 설정

개척교회를 시작할 때는 현실적인 기대를 가져야 합니다. 많은 목사님이 처음에는 이상적인 모습만을 생각하지만, 실제로는 많은 어려움과 도전에 직면하게 됩니다. 이 점을 인식하고 준비하는 것이 중요합니다.

저는 개척할 때부터 부흥에 초점을 두지 않았습니다. 제가 할 수 있는 일에만 최선을 다하자는 마음으로 시작했습니다. 그리고 전도도 꼭 내 교회를 채우겠다는 욕심보다 하나님 나라를 확장하는데 초점을 두고 했습니다. 그러다 보니 교인 숫자 때문에 받는 스트레스 없이 자유롭게 목회를 할 수 있었습니다.

3. 목회자가 자신에게 주신 은사와 달란트를 개발하고 활용하는 것은 매우 중요합니다.

특히 개척교회 목사는 모든 것을 잘할 수 없으므로, 자신의 강점을 최대한 발휘하고, 부족한 부분은 다른 사람들과 협력하는 것이 필요합니다. 저 같은 경우는 예언 사역과 상담목회를 주로 하고 있습니다.

4. 상담과 지원 요청

어려움을 겪고 있을 때는 혼자 고민하기보다는 주변의 믿음 있는 동역자나 선배 목사님과 상담하는 것이 좋습니다. 그들의 경험과 조언을 통해 새로운 시각을 얻고 문제를 해결할 수 있는 방법을 찾을 수 있습니다.

5. 세미나와 훈련의 선택적 참여

다양한 세미나 훈련에 참여하는 것도 도움이 되지만, 자신에게 유익한 것만 선택적으로 참여하는 것이 좋습니다. 모든 것을 따라가려 하다 보면 오히려 혼란스러울 수 있습니다. 필요한 것만 취하고, 나만의 목회 스타일을 개발해 나가는 것이 중요합니다.

6. 인내와 지속적인 노력

개척교회는 쉽지 않은 길입니다. 어려움 속에서도 인내하고, 지속적으로 하나님을 의지하며 나아가는 자세가 필요합니다. 하나님께서 주신 사명을 잊지 않고, 그 길을 묵묵히 걸어가는 것이 중요합니다.

취업 상담

취업은 많은 청년에게 중요한 삶의 전환점이자 도전 과제입니다. 이 과정에서 하나님과의 관계가 얼마나 중요한지를 깨닫게 되는 순간이 많습니다. 취업 상담을 통해 만난 여러 사례는 하나님께서 우리에게 어떤 길을 인도하시는지를 잘 보여줍니다. 신앙을 바탕으로 한 취업 준비는 단순한 직업 탐색을 넘어, 하나님이 주신 재능과 소명을 발견하는 과정이기도 합니다.

집사님의 아들이 취업 시험을 본다고 기도를 부탁했습니다. 하나님께서는 "감사하라"고 말씀하셨습니다. 발표 날, 기쁜 소식이 들려왔습니다. 아들은 경남은행과 우리은행에 합격했고, 결국 우리은행에 취업하게 되었습니다.

몇 달 후, 집사님의 둘째 아들도 시험을 보게 된다고 기도를 요청했습니다. 하나님께서는 "내가 일을 할게"라고 말씀하셨습니다. 하지만 둘째 아들 앞 사람까지만 합격하고, 그 뒤로 모두 떨어졌습니다. 그래서 아들은 너무 속이 상하고 안타까워했습니다.

그런데 얼마 후, 성적이 가장 좋았던 1번 수험생이 술을 먹고 사고를 쳐서 떨어지게 되었고, 그 덕분에 아들이 합격하게 되었습니다. 하나님께서 말씀하신 대로 일하신 것이었습니다.

어떤 청년은 공무원 시험을 준비한다고 할 때, 하나님께서 적성에 안 맞으니까 "그것을 안 하면 어떻겠느냐?"고 물으셨습니다. 하지만 그 청년은 계속하고 싶다고 해서 하나님께서는 원망과 후회를 남기지 않기 위해 최선을 다해 준비하라고 하셨습니다. 그러나 결국 그 청년은 오랫동안 노력했음에도 불구하고 계속 떨어졌고, 지금은 다른 일을 하고 있습니다.

많은 사람들이 자신의 진로와 적성을 찾지 못해서 시간과 물질을 낭비할 때가 있습니다. 그래서 어려서부터 다양한 경험을 하고, 적성검사도 하고, 기도하면서 방향을 잘 잡고 취업 준비를 해야 합니다.

하나님은 인격적인 분이시기 때문에 강요하시거나 억지로 하게 하지 않으십니다. 만약 본인이 고집을 부린다면 그대로 하게 하십니다.

이러한 사례들을 통해 우리는 하나님께서 우리의 기도를 들으시고, 각자의 길을 인도하신다는 것을 알 수 있습니다. 취업 과정에서의 어려움과 실패는 때로 아픈 경험이지만, 하나님께서 주신 교훈과 인도하심을 통해 우리는 더 나은 길을 찾을 수 있습니다.

신앙이 뒷받침된 취업 준비는 하나님과 깊은 관계를 형성하고, 인생의 방향성을 찾는 데 큰 도움이 됩니다. 결국, 우리의 모든 계획과 노력은 하나님께 맡기고, 그분의 인도를 신뢰하는 것이 가장 중요하다는 것을 잊지 말아야 합니다. 하나님께서 우리 각자를 위해 준비하신 길을 믿고 나아가는 것이야말로 진정한 성공의 열쇠가 될 것입니다.

〈취업 준비시 마음에 새겨야 할 성경 구절〉

1. 잠언 16:3
"너의 행사를 여호와께 맡기라. 그리하면 네가 경영하는 것이 이루어지리라."

이 구절은 우리가 하는 모든 일을 하나님께 맡길 때, 그분이 우리의 계획을 이루어 주신다는 것을 의미합니다. 취업을 준비하는 과정에서 자신의 노력과 기도를 하나님께 드리고, 그분의 인도를 받는 것이 중요함을 강조합니다.

2. 예레미야 29:11
"여호와의 말씀이니라. 너희를 향한 나의 생각을 내가 아나니 평안이요 재앙이 아니니라 너희에게 미래와 희망을 주는 것이니라."

하나님은 우리에게 좋은 계획을 가지고 계시며, 우리의 미래에 대한 희망을 주신다는 것을 알려줍니다. 취업 준비 중 불안함이나 두려움을 느낄 때, 하나님이 우리를 위해 준비하신 좋은 길을 믿고 나아가라는 격려가 됩니다.

3. 빌립보서 4:6-7
"아무 것도 염려하지 말고 다만 모든 일에 기도와 간구로, 너희 구할 것을 감사함으로 하나님께 아뢰라. 그리하면 모든 지각에 뛰어난 하나님의 평강이 그리스도 예수 안에서 너희 마음과 생각을 지키시리라."

이 구절은 우리가 걱정하는 대신 기도를 통해 하나님께 모든 것을 맡기라는 메시지를 전합니다. 취업과 관련한 불안한 마음을 하나님께 드리고, 그분의 평강을 받을 수 있도록 도와줍니다.

4. 시편 37:4
"여호와를 기뻐하라 그가 네 마음의 소원을 네게 이루어 주시리로다."

하나님을 기쁘게 하고 그분의 뜻을 따를 때, 우리의 소망과 꿈이 이루어진다는 것을 의미합니다. 취업을 위한 목표를 세울 때, 하나님의 뜻과 기쁨을 먼저 생각하라는 메시지를 담고 있습니다.

5. 로마서 8:28
"우리가 알거니와 하나님을 사랑하는 자 곧 그의 뜻대로 부르심을 입은 자들에게는 모든 것이 합력하여 선을 이루느니라."

하나님을 사랑하고 그의 뜻을 따르는 사람들에게는 모든 것이 결국 좋은 결과로 이어진다는 약속입니다. 취업 과정에서의 어려움이나 실패도 하나님이 선하게 인도하신다는 믿음을 갖고 감사해야 합니다.

이혼 상담

이혼은 많은 사람에게 어려운 선택이자 고통스러운 과정이 될 수 있습니다. 특히 신앙을 가진 부부가 서로의 갈등을 해결하기 위해 노력할 때, 하나님께서 주신 지혜와 인도가 얼마나 중요한지를 깨닫게 됩니다.

어떤 집사님은 남편과의 심각한 갈등으로 저에게 상담을 신청했습니다. 제가 기도하는데, 하나님께서는 여자 집사님에게 기도와 말씀을 통해 이 문제를 해결하라고 하셨습니다. 하루에 3시간씩 기도하고, 40일 동안 작정 기도하며 남편을 섬기라는 지침을 주셨습니다.

여자 집사님은 처음에는 기도하며 남편에게 따뜻한 집밥을 차려주기 위해 노력했으나, 중간에 감정이 격해져서 포기하게 되었습니다. 남편은 결국 가출했고 부인은 여기저기 많이 찾으러 다녔습니다. 그리고 여자 집사님은 저에게 "어떻게 하면 좋아요?"라며 다급하게 전화했습니다.

그래서 제가 기도하는데 하나님께서 "계속해서 기도하면 남편을 집 앞에 데려 놓겠다."라고 하셨습니다. 부인은 포기하지 않고 기도했는데 정말 가출한 지 두달 만에 남편이 집으로 돌아왔습니다. 그리고 계속적인 상담과 기도로 결국 부부관계가 회복되어서 지금은 잘 살고 있습니다.

상담 사역을 하다 보면 정말 이해가 안 가는 경우도 많이 있습니다. 어떤 가정은 젊은 남편이 집을 나가서 일 년에 2~3번만 들어오고 생활비도 주지 않았습니다. 그래서 시아버지가 도와주곤 했습니다.

저에게 상담이 들어와서 기도하는데 남편과 평행선으로 가는 모습을 보여주셨습니다. 집사님은 남편에게 다음과 같은 제안을 했습니다. "지금부터 6개월간 매달 50만 원이라도 보내주세요. 만일 보내주지 않으면 이혼하겠어요." 하지만 남편은 아무것도 보내주지 않아서 의료보험도 정지되고 관리비도 못 내게 되는 등 경제적 어려움으로 결국 이혼하게 되었습니다.

예수님은 "음행을 한 연고 외에는 이혼하지 말라"고 하셨습니다. 하지만 이 세상에는 상상을 초월하는 끔찍한 일들이 많은 가정에서 벌어지고 있습니다. 그래서 하나님은 무조건 참으라고 하지 않습니다. 저는 기도 중에 이런 말씀을 들은 적도 있습니다.

"사랑하는 종들아, 사람이 한계라는 것이 있다. 한계를 넘어서 감당하지 못하면 방법이 없다. 갈라서는 수밖에 없다. 하지만 감당해 낼 수 있으면 감당하라."

하나님의 뜻을 구하는 상담

저는 기도할 때 "황금 나팔이 되게 해달라"고 기도하곤 합니다. 제 입에서 좋은 말이 나오게 해달라는 뜻입니다. 복음의 나팔을 부는 것입니다.

믿음으로 선포할 때 하나님이 일하십니다. 그런데 우리가 알아야 할 사실은 하나님이 감동을 주신 것을 선포해야 합니다. 하나님이 감동을 주시지 않았는데 제 생각과 뜻으로 아무리 믿고 선포해도 하나님의 역사는 일어나지 않습니다.

많은 분이 설교를 듣고 분위기와 감정에 휩쓸려서, 하나님의 일에 헌신하겠다고 약속할 때가 있습니다. 그러나 확실한 응답 없이 어떤 일을 하면, 그 감동이 식어버리면 후회하게 됩니다.

예를 들어, 어떤 분이 중학교 때 선교사로 나가겠다고 헌신하겠다고 한 것이 생각이 났습니다. 그래서 회개하고 선교지로 가려고 했는데, 예언하는 분을 통해서 "네가 하고 싶어서 했지, 내가 하라고 했냐?"라고 하셨습니다.

주의 종도 자기가 하고 싶어서 하는 사람이 있고, 부름을 받아서 하는 사람이 있습니다. 어떤 전도사님은 목사고시 준비 중이었는데, 기도하는데 "내가 너에게 주의 종 하라고 안 했다."라는 말씀을 받았습니다. 그래서 그분은 자유함을 얻었습니다.

그러므로 순간적으로 어떤 감동이나 생각이 떠올랐더라도, 충분히 기도하고 하나님으로부터 정확한 응답을 받은 후에 결정해야 합니다. 기드온이 하나님을 시험했듯이, 저는 매사에 돌다리를 두드려보고 하나님의 뜻이 확실하면 행동으로 옮깁니다. 그럴 때 하나님의 역사가 나타나는 것을 보게 됩니다.

우리는 삶의 매 순간 선택하고 결정해야 합니다. 그러면 어떻게 하나님의 뜻을 알 수 있을까요?

1. 기도를 통해서 하나님의 뜻을 알 수 있습니다.
성경 구절: 야고보서 1:5 "너희 중에 누구든지 지혜가 부족하거든 모든 사람에게 후히 주시고 꾸짖지 아니하시는 하나님께 구하라 그리하면 주시리라."

어떤 일을 결정할 때, 하나님께 기도하며 지혜를 구합니다. 기도 후에 마음의 평안을 느끼면 그 길을 따르는 것이 좋습니다.

내가 받은 응답이 확실한지 알기 위해서는 그것이 맞는지 믿을 만한 주의 종들에게 기도를 받아보는 것도 좋습니다. 일치가 되면 행동

하고, 일치하지 않으면 더 기도해 보세요. 중요한 것은 자기 자신과 하나님과의 관계입니다. 본인이 받아야 후회가 없습니다. 자기는 기도하지 않고 다른 사람에게 예언 기도만 받는 것은 바람직하지 않습니다. 하나님과 일대일로 독대하고 응답받아야 합니다.

2. 성경 말씀을 묵상합니다.

성경 구절: 시편 119:105 "주의 말씀은 내 발의 등이요 내 길에 빛이니이다."

특정한 상황에 대해 고민할 때, 관련된 성경 구절을 찾아 읽고 묵상합니다. 하나님께서는 성경 말씀을 생각나게 하시거나 레마로 주실 때가 있습니다.

3. 상담을 받습니다.

성경 구절: 잠언 15:22 "의논이 없으면 경영이 무너지고 지략이 많으면 경영이 성립하느니라."

믿음이 깊은 성도나 목사님에게 자신의 고민을 털어놓고 조언을 구합니다. 그들의 기도와 조언을 통해 새로운 통찰을 얻을 수 있습니다.

4. 내 마음이 평안한지 확인해 보십시오.

성경 구절: 빌립보서 4:7 "모든 지각에 뛰어난 하나님의 평강이

그리스도 예수 안에서 너희 마음과 생각을 지키시리라."

결정을 내릴 때, 그 선택에 대해 기도하고 마음의 평안을 느낀다면, 그 길이 하나님의 뜻일 가능성이 큽니다.

5. 주변의 상황을 지켜보십시오.
성경 구절: 로마서 8:28 "우리가 알거니와 하나님을 사랑하는 자, 곧 그의 뜻대로 부르심을 입은 자들에게는 모든 것이 합력하여 선을 이루느니라."

어떤 기회가 자연스럽게 주어졌다면, 그것이 하나님의 인도하심일 수 있습니다. 그 기회를 통해 하나님의 뜻을 확인해 보세요.

6. 자기를 점검해 보십시오.
성경구절: 시편 139:23-24
"하나님이여 나를 살피사 내 마음을 아시며 나를 시험하사 내 뜻을 아옵소서. 내게 무슨 악한 행위가 있나 보시고 나를 영원한 길로 인도하소서."

자신의 동기를 점검할 때, 내가 이 일을 하는 이유가 하나님을 기쁘게 하려는 것인지, 아니면 내 욕심 때문인지 깊이 생각해 봅니다.

이러한 단계들을 통해 하나님의 뜻을 확인해 보시기 바랍니다.

자살 상담

대한민국의 자살 실태는 매우 심각한 문제로, 여러 통계와 연구에서 이를 확인할 수 있습니다.

자살률: 대한민국의 자살률은 OECD 국가 중 가장 높은 수준입니다. 2022년 기준으로 인구 10만 명당 자살률은 25.2명으로, 하루 평균 약 35.4명이 자살로 생을 마감하고 있습니다.

연령대별 자살률: 특히 10대에서 30대까지의 젊은 층에서 자살률이 높습니다. 10대와 20대의 자살률은 각각 9.4%와 12.8% 증가했으며, 20대 여성의 자살률은 16.5% 증가했습니다.

주요 원인: 자살은 10대, 20대, 30대의 주요 사망 원인 1위이며, 40대와 50대에서는 2위를 차지합니다. 이는 젊은 층에서 자살이 매우 심각한 문제임을 보여줍니다.

사회적 요인: 경제적 어려움, 정신 건강 문제, 사회적 고립 등이 주요 원인으로 지목되고 있습니다. 특히 코로나19 팬데믹 이후로 이러한 문제들이 더욱 심화되었습니다.

상담사례

어느 집에서 딸이 가정 문제가 있어서 먼저 상담을 받았습니다. 몇 번에 걸쳐서 상담과 기도를 해주고 문제가 해결되었습니다. 그런데 그녀의 어머님이 우울증이 심했습니다. 가정 문제로 심한 스트레스를 받고 우울증이 왔는데 저와 전화로 상담하면서도 "지금 베란다에서 뛰어내리고 싶어요."라고 말할 정도로 심각했습니다. 그래서 저는 기도를 해주면서 하나님이 주시는 지혜와 지식의 말씀을 전해 드렸습니다. 그렇게 몇 번에 걸쳐서 기도와 상담을 해주고 호전이 되었습니다.

다음은 어머님이 보내주신 글입니다.

『제 집안일을 말하자니 좀 부끄럽기는 하지만 전 아직 예수 그리스도를 모르고 사는 분들에게 꼭 예수님 믿으라고 말씀드리고 싶어서 이 글을 씁니다. 2년 전 전 극심한 고통과 불안에 도저히 정신을 차릴 수 없을 만큼 협박에 시달렸습니다.

둘째 딸의 사위가 정신병과 도박에 여러 가지 사고를 치고 딸과 아이들에게까지 폭언 폭행 등 난동을 수시로 부리고 저희 부부에게도 걸핏하면 돈 요구를 하고 폐를 썼습니다. 딸이 도저히 살 수 없다고 헤어지자고 하자 칼을 들고 협박하고, 목을 졸랐습니다. 그리고 많은 액수의 돈을 친정에 가서 가져오라하고 협박을 했답니다. 그러던 어느 날 저의 동서와 통화하면서 하소연했더니 화분 목사님을 소개해 주셨습니다.

그때 당시 저는 천주교를 다녔습니다. 하지만 너무 절박해서 목사님과 상담을 하고 여러 차례 기도를 받았습니다. 그리고 교회를 다니기 시작했습니다. 그때부터 하나님께 매달렸습니다. "하나님! 저희를 도와주세요! 제발 살려주셔요! 제발 구해주셔요!" 하지만 그 후에도 매우 힘들었습니다.

저의 동서는 하나님께서 다 해결해 주실 거라고 믿고 있으라고 하는데, 저는 너무 불안했어요. 그 후에 그 어렵다던 이혼 판결이 나고 얼마 후에 사위는 세상을 떠났습니다. 그렇게 저희는 자유를 찾았습니다.

저는 기적을 보았습니다. 하나님 아버지 감사합니다. 살려주셔서 감사합니다. 지켜주셔서 감사합니다. 하나님 사랑합니다. 앞으로는 모든 어려움을 하나님께 맡기고 기도만 하겠습니다. 이번 사건을 통해서 저희 부부와 딸 가족 3명 모두 예수님을 믿고 열심히 신앙생활을 하고 있습니다. 김화분 목사님께 진심으로 감사를 드립니다.』

때로는 유명 연예인들이 자살한 후에 악한 영이 그것을 빌미로 사람들을 틈을 타고 미혹할 때가 있습니다. 유명 모 연예인의 자살 사건이 있었던 어느 날, 저희 둘째 딸에게도 악한 영의 미혹이 틈탔습니다. 제 딸 아이에게 악한 영이 귀에다 대고 "넌 세상에서 살아야 할 존재의 가치가 없다"며 번개탄을 사라고 시켰습니다. 그래서 딸은 "내가 왜 죽어? 엄마, 아버지가 잘 키워주고, 내가 죽으면 지옥 가는데 왜 죽어? 나사렛 예수님의 이름으로 죽음의 영아 떠나가라."라고 선포하였습니다.

자살을 생각하고 있는 사람들을 상담할 때는 매우 신중하고 배려 깊은 접근이 필요합니다. 기독교적 관점에서 다음과 같은 지침을 고려해 보시기 바랍니다.

1. 경청과 이해

비판 없이 들어주기: 상대방의 이야기를 경청하고, 그들의 감정을 이해하려고 노력하세요. 그들이 느끼는 고통과 절망을 인정해 주는 것이 중요합니다.

안전한 공간 제공: 상대방이 자신의 감정을 자유롭게 표현할 수 있는 안전한 환경을 만들어 주세요.

2. 신앙의 기반

하나님의 사랑 강조: 하나님께서 그들을 사랑하시고, 그들의 삶에 목적이 있다는 것을 상기시켜 주세요. 성경 구절(예: 요한복음 3:16, 시편 139:13-14 등)을 통해 하나님의 사랑을 전달하세요.

기도의 힘: 상담 중 기도를 통해 하나님의 인도와 평안을 구하세요. 상대방과 함께 기도하는 것도 큰 도움이 될 수 있습니다. 그리고 악한 영을 예수님의 이름으로 대적하세요.

3. 정서적 지원

희망의 메시지 전달: 상황이 아무리 힘들어도 희망이 있다는 메시지를 전하세요. 과거의 어려움을 극복한 사례나 하나님이 주신 회복의 이야기 등을 나누는 것도 좋습니다.

전문적인 도움 권장: 만약 상황이 심각하다면, 전문적인 상담사나 정신 건강 전문가의 도움을 받을 것을 권장하세요. 이는 그들의 안전을 최우선으로 생각하는 것입니다.

4. 실질적인 지원

행동 계획 세우기: 즉각적인 위험이 있는 경우, 안전한 환경을 만들고, 자살을 시도할 가능성을 줄이기 위한 구체적인 행동 계획을 세우는 것이 필요합니다.

지속적인 연결 유지: 상담 후에도 지속적으로 연락을 유지하고, 그들이 혼자가 아니라는 것을 느끼게 해 주세요. 정기적으로 체크하여 그들의 상태를 확인하세요.

5. 자기 관리

상담자의 자신 돌보기: 상담하는 동안 자신도 감정적으로 지칠 수 있습니다. 자신을 돌보는 것이 중요하며, 필요할 경우 다른 사람에게 도움을 요청하세요.

6. 성경적 원칙

　　사람의 생명은 귀중하다: 하나님께서 모든 생명을 소중히 여기신다는 점을 강조하세요. (창세기 1:27)

　　회복의 가능성 강조: 하나님은 언제나 회복을 원하신다는 믿음을 전달하세요. (이사야 41:10)

귀신들림 상담

1. 귀신의 정체

귀신은 기독교에서 악한 영, 즉 사탄의 세력에 속하는 존재로 이해됩니다. 성경에서는 이들을 '악령' 또는 '더러운 영'이라고 부르며, 이들은 하나님과의 관계가 단절된 상태에서 인간을 혼란스럽게 하고 고통스럽게 만드는 역할을 합니다. 귀신은 인간의 마음을 지배하고, 죄와 두려움을 조장하여 영적 고통을 유발합니다.

2. 귀신의 목적

귀신의 주된 목적은 하나님의 뜻을 방해하고, 인간을 하나님에게서 멀어지게 하는 것입니다. 이는 다음과 같은 방식으로 나타날 수 있습니다:

- 정신적 혼란: 귀신은 사람의 마음에 부정적인 생각을 심어 주어 우울증, 불안 등을 유발합니다.
-관계의 파괴: 악한 영은 인간관계에 갈등을 일으켜 사회적 고립을 초래합니다.
- 신앙의 약화: 믿음의 약화를 통해 개인이 하나님과의 관계를 잃게 만듭니다.

3. 축사 과정

축사는 귀신들림을 받은 사람에게서 악한 영을 쫓아내는 기독교적인 의식으로, 다음과 같은 단계로 이루어집니다:

1) 기도와 준비: 축사를 진행하기 전, 상담자는 기도하며 하나님의 인도와 보호를 구합니다. 이 과정에서 성경 말씀을 읽고, 영적 준비를 합니다.

2) 상담 및 진단: 내담자와의 대화를 통해 귀신들림의 증상과 배경을 파악합니다. 이때, 내담자가 겪는 고통의 원인을 이해하는 것이 중요합니다.

3) 축사 기도: 축사자는 예수 그리스도의 이름으로 악한 영에게 명령하여 떠나가라고 선포하며 기도합니다. 이 기도는 믿음과 권세에 기반하여 이루어지며, 성경 말씀의 힘을 사용합니다.

4) 회복 기도: 귀신이 떠난 후, 내담자가 하나님의 사랑과 은혜를 경험할 수 있도록 회복을 위한 기도를 합니다. 이 과정에서는 내담자가 하나님과의 관계를 강화하고, 영적 성장을 할 수 있도록 돕습니다.

5) 후속 지원: 축사가 끝난 후에도 지속적인 상담과 지원이 필요합니다. 내담자가 영적으로 건강하게 성장할 수 있도록 돕는 것이 중요합니다.

상담사례 1

다니엘 성회에 왔던 중학생을 기도해 주는데 악한 영이 "얘는 내거다. 나는 안 나간다."라고 했습니다. 상처가 많은 아이들은 마음을 만지는 치유와 회복이 먼저이고 축사는 그 다음에 해야 합니다. 귀신 들렸다고 무조건 축사부터 하면 안 됩니다. 마음을 먼저 어루만져야 합니다. 그래서 내적 치유와 축사는 동전의 양면과 같이 함께 갑니다.

그래서 저는 그 중학생에게 "네가 너무 힘들었구나!"라고 위로해 주었고, 주님께 치유와 회복과 기쁨과 행복의 영을 부어달라고 기도했습니다. 그 후에 악한 영을 쫓아내는 기도를 해주었습니다. 악한 영은 예수님의 피와 성령의 불을 가장 무서워합니다. 그래서 축사 과정에 계속해서 주님의 보혈을 뿌리고, 성령의 임재를 구해야 합니다.

그리고 친구와 담임목사님에게 아이를 혼자 재우지 말고 함께 있으라고 했습니다. 그리고 이사야 41장 10절 말씀을 적어서 주고 계속 읽으라고 했습니다.

"두려워하지 말라 내가 너와 함께 함이라 놀라지 말라 나는 네 하나님이 됨이라 내가 너를 굳세게 하리라 참으로 너를 도와 주리라 참으로 나의 의로운 오른손으로 너를 붙들리라."

상담사례 2

상담을 받은 분은 교회 집사님의 어머님이었습니다. 어머니는 남편이 3년 전에 돌아가신 후 우울증과 공황장애를 앓고 계셨습니다. 남편의 죽음 이후 느끼는 빈자리는 생각보다 더 큰 고통으로 다가왔고, 자식들은 바쁘게 살아가면서 어머니의 아픔을 이해하지 못했습니다. 이로 인해 소통의 부재가 더해지며 외로움과 고립감이 커졌고, 이러한 정신적 아픔은 악한 영이 틈타는 계기가 되었습니다.

어머님은 상담받기를 원하지 않았기 때문에 저는 먼저 내담자의 마음의 문을 열기 위해서 노력했습니다. 기도하는데 하나님이 어머니가 좋아하는 음식인 석류를 대접하라고 감동을 주셨습니다. 석류를 드리니까 어머님이 "이것은 내가 제일 좋아하는데 비싸서 못 사 먹었다."라며 감동 받으셨습니다. 이런 소소한 배려가 그녀의 마음을 열게 했습니다.

그뿐만 아니라 저는 선물로 받은 천연물감으로 만든 개량한복과 두루마기가 있었는데 한 번도 입지 않은 새것이었습니다. 그것을 어머님께 드렸더니, 내가 좋아하는 것이라고 하면서 너무 기뻐하셨습니다. 그리고 제가 따님에게 권면했습니다. "아버지 사진하고 유품 같은 것 다 버리고, 신혼 방처럼 새집으로 꾸미세요." 그랬더니 어머님이 고집이 세서 안 버리려고 한다고 해서, 없을 때 하라고 했습니다. 딸이 시킨 대로 했더니 어머님이 좋아하셨고, 남편에 대한 기억을 잊고 새 출발하는 데 도움이 되었습니다.

상담을 진행하면서 어머니는 귀신이 속삭일 때 마음이 편안하지 않다고 말씀하셨습니다. 그래서 "예수님의 이름으로 명하노니, 예수님의 피, 악한 영은 떠나가라!"며 기도해주었습니다. 그랬더니 악한 영이 "아! 세다. 조금만 더 있다가 갈게."라고 얘기해서, 계속 선포하면서 기도했더니 "예수 '피' 하지 마, 무서워, 나 갈게."라고 하면서 떠나갔습니다.

저는 어머님께 축사 기도를 가르쳐 주고 집에서 계속하라고 시켰습니다. 또한 아들과 딸에게 어머님을 모시고 여행도 가고, 외식도 하라고 했습니다. 그래서 어머님은 결국 완전히 치유되었습니다.

상담사례 3
교회를 다니지 않는 초등학교 남학생이 학원 선생님에게 수업을 마친 후 자신이 귀신을 보았다고 이야기했습니다. 그는 무섭게 생긴 귀신, 하반신이 없는 귀신, 얼굴만 있는 귀신 등 여러 종류의 귀신이 보인다고 했습니다. 그리고 돌아가신 할머니도 보인다고 말했습니다. 학생의 엄마는 그 이야기를 듣고 "귀신 같은 것은 없다."라고 하며 아이의 말을 믿어주지 않았습니다. 그러나 학원 선생님은 영적인 세계에 대한 이해가 있어 그 이야기를 듣고 저에게 상담받아보라고 권유했습니다.

저는 학생과 어머님을 전화로 상담을 해주었습니다. 그리고 전화로 귀신을 쫓아내는 기도를 했습니다. 기도한 후에 아이가 "귀신이 쪼그라들고, 귀신이 사라지기 시작했다."라고 말했습니다. 그런데 그 학생이 할아버지 집에 가서 제사를 지낸 후에 또 다시 귀신이 나타난다고 했습니다. 그래서 할머니의 모습으로 나타난 것은 귀신이 위장한 것이라고 설명해주고 귀신을 쫓아내는 기도를 가르쳐주었습니다. 예수의 피와 예수의 이름으로 기도하고 선포하라고 했고, 학생이 잘 따라서 기도했습니다. 학생은 예수 이름으로 귀신을 쫓아낼 때 귀신이 사라지는 것을 체험했습니다.

어머님은 옆에서 그 모습을 보며 영적인 세계의 실재를 알게 되었습니다. 사실 어머님은 초등학교 3학년 때 친구를 따라 잠깐 교회를 다녔습니다. 당시에 찬양을 재미있게 부른 기억이 난다고 했습니다. 제가 기도하면서 아이에게 "하나님이 너를 사랑한다."라는 메시지를 전해주었는데, 기도 중에 하나님이 아이의 등을 토닥거리며 안아주는 것을 체험했다고 얘기했습니다. 그후 학생과 어머님은 예수님을 구주로 영접하고 교회를 잘 다니고 있습니다. 저는 어머님께 아이를 믿음으로 잘 키우라고 조언해주었습니다.

귀신을 쫓아내는 성경 구절은 여러 곳에서 찾아볼 수 있습니다. 다음은 대표적인 몇 가지 구절입니다.

1. 마가복음 16:17
"믿는 자들에게는 이런 표적이 따르리니 곧 그들이 내 이름으로 귀신을 쫓아내며…"

2. 마태복음 10:1

"예수께서 그의 열두 제자를 부르사 더러운 귀신을 쫓아내며 모든 병과 약한 것을 고치는 권능을 주시니라."

3. 누가복음 10:17
"칠십인이 기뻐하며 돌아와 이르되 주여, 주의 이름이면 귀신들도 우리에게 항복하더이다."

4. 사도행전 16:18
"이같이 여러 날을 하는지라 바울이 심히 괴로워하여 돌이켜 그 귀신에게 이르되 예수 그리스도의 이름으로 내가 네게 명하노니 그에게서 나오라 하니 귀신이 즉시 나오니라."

5. 마태복음 12:28
"그러나 내가 하나님의 성령을 힘입어 귀신을 쫓아내는 것이면, 하나님의 나라가 이미 너희에게 임하였느니라."

6. 야고보서 4:7
"그런즉 너희는 하나님께 복종할지어다. 마귀를 대적하라. 그리하면 너희를 피하리라."

불임 상담

불임 문제는 많은 부부에게 깊은 고통을 안겨주는 주제입니다. 성경에서도 불임은 여러 가지 원인으로 나타나며, 하나님께서 어떻게 개입하시는지를 보여줍니다. 예를 들어, 아브라함과 사라의 이야기에서 하나님은 두 사람이 나이가 많아서 아기를 가질 수 없음에도 불구하고 아들을 주겠다고 약속하셨습니다. 이는 하나님의 계획이 우리의 상식과 이해를 초월할 수 있음을 알려주고 있습니다.

현대에서도 불임의 원인은 다양합니다. 여성의 경우 호르몬 불균형, 난소 문제, 자궁 내막증 등이 있으며, 남성은 정자 생산 문제나 호르몬 불균형 등이 원인이 될 수 있습니다. 이러한 의학적인 원인 외에도 스트레스와 정신적 압박이 불임에 미치는 영향이 크다는 점을 간과해서는 안 됩니다. 특히, 스트레스는 호르몬 변화를 일으켜 배란에 영향을 미치고, 심리적 고통을 가중시킵니다.

최근 집회에서 만난 한 부부 집사님은 불임과 직장 문제로 고민하고 있었습니다. 하나님께서 40일 작정 기도를 하되, 부부가 같은 시간에 기도하라는 감동을 주셨습니다. 또한 그들에게 하나님께서 감동 주시는 대로 예물을 드리라고 했습니다. 이렇게 기도하고 순종할 때,

하나님은 직장 문제를 해결해 주시고 아기도 생겼습니다.

또 다른 사례로, 한 여성 사업가는 결혼한 딸이 아기를 가질 수 없었지만, 기도 중에 하나님께서 아기를 주신다고 약속하셨습니다. 결국 그녀의 딸은 아기를 낳게 되었습니다. 이처럼 우리 삶에서도 기도가 중요한 역할을 하는 것을 볼 수 있습니다.

한나는 아기를 가질 수 없어서 마음의 많은 고통을 겪었습니다. 애통해하는 마음으로 성전에서 기도할 때 하나님께서 그녀에게 사무엘이라는 아들을 주셨습니다. 이는 기도가 영적 세계를 움직이게 하고, 하나님께서 우리의 문제를 해결해 주신다는 사실을 보여줍니다.

그렇다면 불임 문제를 해결하기 위해 우리는 어떤 노력을 해야 할까요? 먼저, 기도를 통해 하나님과의 관계를 깊게 하고, 신뢰를 쌓는 것이 중요합니다. 또한, 정신적, 육체적, 영적으로 건강한 상태를 유지해야 합니다. 하나님은 어떤 경우에는 스트레스 때문에 아기를 가지지 못한다고 하셨습니다. 그래서 기도하는데 부족한 영양소를 채우기 위해서 특정 음식을 먹으라고 하셨습니다. 스트레스를 받지 말라고 하시고, 커피를 줄이라고 하셨습니다. 또한 생활 습관을 고치라고 하셨습니다. 그렇게 순종한 결과 임신을 하게 되었습니다.

마지막으로, 악한 영이 태를 막는 때도 있음을 기억해야 합니다. 그럴 때는 기도와 믿음으로 악한 영을 쫓아내야 합니다.

이처럼 불임의 원인과 해결책은 사람마다 다릅니다. 그러므로 기도를 통해서 하나님이 주시는 메시지를 받는 것이 중요합니다. 저는 사람들에게 하나님의 음성을 대신 들려주는 통로일 뿐입니다. 듣고 순종하면 하나님의 역사가 나타나고, 순종하지 않으면 아무 일도 일어나지 않습니다.

하나님의 음성 듣기

제가 하는 상담 사역은 성령님의 음성 듣기와 예언이 가장 기초가 됩니다. 왜냐하면 저는 찾아오는 내담자에게 각자의 상황에 맞는 하나님의 메시지를 그대로 전달해 주는 역할을 하기 때문입니다. 음성을 듣고 그대로 전달해 주는 것이 바로 예언입니다. 그러므로 이번 장과 다음 장에 거쳐서 하나님의 음성 듣기, 예언에 대해서 말씀드리고자 합니다.

어느 날, 슈퍼마켓을 운영하며 밤새도록 기도하던 중 하나님의 음성을 들었습니다. 그 순간부터 저는 기도에 전념했고, 하나님과의 관계를 이해하고 더 깊게 하려고 노력했습니다. 저는 기도와 말씀 읽기를 통해 계속 질문하고 답을 찾기 시작했습니다. 하나님께서 어느 날 이렇게 말씀하셨습니다. "너희들은 왜 너희들 말만 하고 내 말을 들으려고 하지 않느냐. 나의 음성을 들으려고 하라."

그때부터 저는 기도하면서 적극적으로 하나님의 음성을 들으려고 노력했습니다. 처음에는 그분의 음성을 명확하게 분별하는 것이 어려웠지만, 끈기와 신앙을 통해 저는 그분의 음성에 더욱 잘 적응하게 되었습니다.

많은 사람이 하나님의 음성을 듣는 방법에 대해 궁금해합니다. 제 경험에 따르면 하나님의 음성은 다양한 방식으로 나타날 수 있습니다.

1. 들을 수 있는 음성: 때때로 하나님의 음성은 인간의 음성처럼 귀로 들을 수 있습니다. 이러한 경험은 드물지만 일어날 수 있습니다.

2. 내면의 음성: 하나님의 음성은 내면에서 올라오는 경우가 더 많습니다. 이 내면의 목소리는 종종 성경의 가르침과 일치하며 평안이나 확신을 동반합니다.

3. 다른 사람을 통해: 때때로 하나님의 음성은 다른 사람(친구, 목사, 심지어 낯선 사람)을 통해 들리기도 합니다.

4. 성경: 성경은 하나님께서 소통하시는 주요 수단입니다. 당신이 말씀을 읽을 때, 하나님은 종종 당신의 상황이나 질문과 특히 관련이 있어 보이는 구절을 통해 당신에게 말씀하십니다.

5. 인상이나 느낌: 때로는 결정이나 방향에 대해 강한 인상이나 느낌을 받을 수도 있습니다.

6. 꿈이나 환상: 성경의 인물들처럼 때로는 꿈이나 환상을 통해서 하나님의 뜻을 가르쳐 주십니다.

7. 자연이나 환경을 통해서도 말씀하십니다.

하나님의 음성을 듣는 법을 배우는 초기 단계에서는 그것을 다른 음성과 구별하는 것이 어려울 수 있습니다. 저는 종종 사탄의 음성, 내 생각, 하나님의 음성이 혼합된 것을 들었습니다. 이를 탐색하기 위해 저는 하나님의 말씀을 듣고 있는지 확인하기 위해 몇 가지 조처를 했습니다.

1. 확인을 구하십시오: 저는 하나님의 지시라고 믿는 것을 받았을 때 확인을 위해 두세 번 기도했습니다. 이것은 진정한 하나님의 인도를 다른 출처와 구별하는 데 도움이 되었습니다.

2. 성경적 일치: 나는 내가 들은 내용이 성경적 가르침과 일치하는지 확인했습니다. 하나님의 음성은 결코 하나님의 말씀과 모순되지 않습니다.

3. 명령과 책망: 만약 어떤 음성이 악마적이거나 오해를 불러일으킬 수 있다고 의심된다면, 예수의 이름으로 사탄에게 떠나라고 명령하십시오.

4. 지혜와 조언을 구하십시오: 추가적인 관점과 통찰력을 제공할 수 있는 성숙한 기독교인과 영적 멘토에게 조언을 구하십시오.

시간이 지나면서 하나님의 훈련과 인도하심으로 그분의 음성을 분별하는 능력이 향상되었습니다. 저는 하나님의 음성과 사탄의 음성을 구별하는 법을 배웠습니다. 하나님께서 사탄을 포함하여 모든 것을 통치하신다는 사실을 이해한 덕분에 두려움을 극복하고 평안을 찾을 수 있었습니다.

예언 사역

〈황금어장 무릎팍도사〉, 〈무엇이든 물어보살〉 이라는 방송 프로그램을 보면 유명 연예인이 무속인 옷을 입고 나와서 사람들의 고민 상담을 해줍니다. 사람들은 이런 방송을 보면서 '나도 무속인에게 고민 상담을 해볼까?'라는 생각을 하게 됩니다. 요즘에는 타로가 대학가에 인기를 끌고 있습니다. 지성인들이 타로점을 보면서 자신의 운명과 고민을 해결하려고 합니다. 심지어 기독교인들도 무속인에게 가서 자신의 고민을 상담하는 경우가 많습니다. 왜 이런 현상이 일어날까요? 생각해 보면 기독교의 책임도 크다는 생각이 듭니다.

왜 성도들이 교회 안에서 자신의 고민과 문제를 상담받고 해결 받지 못할까요? 구약의 하나님의 백성들은 선지자(예언자)들에게 가서 고민을 상담했습니다. 그리고 신약의 성도들은 예언의 은사를 받은 사람들에게 가서 상담받았습니다. 그러므로 오늘날에도 예언 사역을 해야 한다고 생각합니다. 예언 사역이 부작용이 있고 위험성이 있다고 해서 아예 못하게 하면, 기독교인들이 점점 점쟁이들을 찾아가게 될 것입니다. 어떤 사람이 점쟁이를 전도하러 갔더니 그 사람이 "나에게 전도하지 말아라. 내 손님 중에 기독교인이 많다."라는 얘기를 했습니다.

이제 한국교회도 예언사역자를 체계적으로 훈련해야 합니다. 이종선 목사님이 그런 사역을 잘하고 계십니다. 인천 기쁨의 교회는 매달 치유대성회를 합니다. 그리고 음성 듣기와 예언 사역도 합니다. 이 집회를 꾸준히 참석하신 분 중에 예언사역자가 되길 원하면 시험을 봐야 합니다. 그래서 통과가 되면 협력 사역자로서 예언 사역을 할 수 있습니다.

다음의 내용은 예언 사역의 이론과 실제에 대한 가르침을 소개한 것입니다. 이종선 목사님의 〈당신도 병을 고치며 귀신을 쫓아낼 수 있다〉라는 책을 참조하였습니다.

예언에 대한 성경의 가르침

1. 예언은 하나님께서 주신 은사로서 신령한 것입니다. 신령한 것을 사모하고, 그중에서도 특별히 예언하라고 하셨습니다. "사랑을 추구하며 신령한 것들을 사모하되 특별히 예언을 하려고 하라." (고전 14:1)

2. 예언은 교회에 유익합니다. 그러므로 그리스도인의 모임에서 당연히 있어야 합니다. "예언하는 자는 사람에게 말하여 덕을 세우며 권면하며 위로하는 것이요. 방언을 말하는 자는 자기의 덕을 세우고 예언하는 자는 교회의 덕을 세우나니."(고전 14:3-4)

3. 예언은 하나님의 영광을 나타냅니다. 하나님을 모르는 사람도 자기 속에 감추어진 것이 드러나면 하나님이 살아계심을 인정하게 됩니

다.

"그러나 다 예언을 하면 믿지 아니하는 자들이나 알지 못하는 자들이 들어와서 모든 사람에게 책망을 들으며 모든 사람에게 판단을 받고 그 마음의 숨은 일들이 드러나게 되므로 엎드리어 하나님께 경배하며 하나님이 참으로 너희 가운데 계신다 전파하리라." (고전 14:24-25)

4. 예언은 어떤 일이 이루어졌을 때 그 일이 하나님께서 행하신 일임을 믿게 만듭니다. "이제 일이 일어나기 전에 너희에게 말한 것은 일이 일어날 때에 너희로 믿게 하려 함이라." (요 14:29)

예언적 기도에 대한 고려사항
1) 성경과의 일치
예언적 기도는 항상 성경의 진리와 성경에서 계시된 하나님의 성품과 일치해야 합니다.

2) 예언은 반드시 분별 되어야 합니다. 사람에게 들리는 음성에는 세 가지가 있습니다. 첫째 성령의 음성, 둘째 본인의 혼의 음성, 셋째 사단의 음성. 그러므로 예언은 반드시 분별해야 합니다. 그것이 성령의 음성인지, 사단의 음성인지, 아니면 내 개인적인 생각인지를 구별해야 합니다.

3) 예언은 내가 하고 싶을 때 아무 때나 막 되는 것이 아닙니다. 예

언은 하나님이 주셔야 하는 것입니다. 예레미야 선지자에게 사람들이 와서 우리가 마땅히 행할 바를 가르쳐 달라고 했습니다. 그런데 하나님의 말씀이 바로 임한 것이 아니라 십 일 후에 임하였습니다. (렘 42:1-7) 예언의 은사를 받았다고 해서 내 마음대로 하는 것이 아닙니다. 철저히 하나님께 순종하고 그분의 뜻에 따라야 하는 것입니다.

4) 책임감과 성실함으로 해야 합니다.
지역 교회나 사역 팀 안에서 책임자의 감독 아래에 예언 사역이 성실하고 성경적 원칙에 따라 수행되도록 합니다. 예언적 통찰력과 선언을 조작하거나 통제하는데 사용하지 않고 교화하고 권고하고 위로하는데 사용하도록 합니다.

"예언하는 자는 사람에게 말하여 덕을 세우며 권면하며 위로하는 것이요." (고전 14:3)

5) 윤리적, 목회적 고려사항
예언할 때 하나님께서 기도 받는 사람의 은밀한 것을 가르쳐 줄 때가 있습니다. 그러므로 윤리적 고려사항이 가장 중요합니다. 그래서 비밀 유지함으로 개인의 존엄성과 개인 정보 보호를 유지해야 합니다.

6) 기독교의 예언은 절대 운명론적인 것이 아닙니다. 다시 말해 우리의 의지와 상관없이 예언한 그대로 이루어지는 것이 아닙니다. 우리의 행동 여부에 따라 얼마든지 이루어질 수도, 안 이루어질 수도 있습

니다.

"내가 어느 민족이나 국가를 뽑거나 부수거나 멸하려 할 때에 만일 내가 말한 그 민족이 그의 악에서 돌이키면 내가 그에게 내리기로 생각하였던 재앙에 대하여 뜻을 돌이키겠고."(렘 18:7-8)

예언의 은사를 받는 방법

예언의 은사를 받으려면 어떻게 해야 할까요? 방법에 대해서는 이종선 목사님이 저술한 〈당신도 병을 고치며 귀신을 쫓아낼 수 있다〉에 자세히 나와 있습니다. 다음은 그 내용을 요약한 것입니다.

1) 성령 충만을 구하고, 예언의 은사를 구하고, 계시의 영을 부어달라고 간구하십시오.

"하나님이 보내신 이는 하나님의 말씀을 하나니 이는 하나님이 성령을 한량없이 주심이니라." (요 3:34)

"우리 주 예수 그리스도의 하나님, 영광의 아버지께서 지혜와 계시의 영을 너희에게 주사 하나님을 알게 하시고." (엡 1:17)

2) 성령님을 인격적으로 대하고, 성령님과 친밀해지기 위한 노력을 하십시오.

3) 성령님께 자꾸 묻고 성령님의 음성을 들으려고 하십시오. 즉 성령님과 자주 대화를 시도하십시오.

"너희는 주께 받은바 기름 부음이 너희 안에 거하나니 아무도 너희를 가르칠 필요가 없고 오직 그의 기름 부음이 모든 것을 너희에게 가르치며 또 참되고 거짓이 없으니 너희를 가르치신 그대로 주 안에 거하라."(요일 2:27)

4) 성경을 항상 읽으십시오. 그리고 성경을 읽을 때 하나님의 음성을 듣는다는 마음으로 읽으십시오. 그리고 성경 말씀대로 살려고 노력하십시오.

5) 때로는 성령님의 음성을 반드시 듣겠다는 결단을 하고 간절히 부르짖으며 기도하면서 성령님의 음성을 사모하며 기다리십시오.

"내가 내 파수하는 곳에 서며 성루에 서리라 그가 내게 무엇이라 말씀하실는지 기다리고 바라보며 나의 질문에 대하여 어떻게 대답하실는지 보리라 하였더니 여호와께서 내게 대답하여 이르시되 너는 이 묵시를 기록하여 판에 명백히 새기되 달려가면서도 읽을 수 있게 하라."(합 2:1-2)

6) 모든 삶을 성령에 이끌려서 (영)으로 살려고 하십시오.
"너희가 육신대로 살면 반드시 죽을 것이로되 영으로써 몸의 행실

을 죽이면 살리니 무릇 하나님의 영으로 인도함을 받는 사람은 곧 하나님의 아들이라."(롬 8:13-14)

7) 방언 기도를 많이 하십시오.
8) 전인적인 내적 치유를 받으십시오. 특히 혼의 치유와 영의 치유를 받으십시오.

9) 성령님은 거룩한 영이심을 기억하고 항상 자신을 성결케 하십시오. "그런즉 사랑하는 자들아 이 약속을 가진 우리는 하나님을 두려워하는 가운데서 거룩함을 온전히 이루어 육과 영의 온갖 더러운 것에서 자신을 깨끗하게 하자."
(고후 7:1)

10) 예수님의 마음과 성품을 품으십시오.
"너희 안에 이 마음을 품으라. 곧 그리스도 예수의 마음이니." (빌 2:5)

11) 하나님이 누구시고 어떤 분인가를 알기 위해 힘쓰십시오.

♬ 노래제목: 하나님의 심부름꾼

나는 하나님의 심부름꾼,
천막교회에서 나의 신앙을 키워,
슈퍼마켓 아줌마의 숨겨진 비밀,
밤샘 기도는 나의 희망의 불꽃.

[후렴]
하나님이 주신, 이 길을 걸어요,
나는 그분의 뜻, 세상에 전할게요
믿음의 발걸음, 소망으로 가득
감사하며, 주님의 사랑을 노래해.

[2절]
고난이 닥쳐도 포기하지 않아,
전도는 나의 삶의 목적이네,
여호와 이레, 모든 것을 채우네
축복의 통로 되어, 사랑을 전할게.

[후렴]
하나님이 주신, 이 길을 걸어요,
나는 그분의 뜻, 세상에 전할게요
믿음의 발걸음, 소망으로 가득
감사하며, 주님의 사랑을 노래해.

[브릿지]

상담의 손길로, 상처를 어루만져,
악한 영의 속박, 기도로 끊을게,
모든 영혼을 위해 기도하리니,
하나님의 심부름꾼으로 살리라.

[후렴]
하나님이 주신, 이 길을 걸어요,
나는 그분의 뜻, 세상에 전할게요
믿음의 발걸음, 소망으로 가득
감사하며, 주님의 사랑을 노래해.

[엔딩]
영광을 돌리며, 주님의 은혜를 노래해

노래 / 하나님의 심부름꾼

에필로그

비전과 기도 제목

제 나이 이제 68세입니다. 내 인생의 남은 날이 얼마인지 모르지만 저는 제가 하고 싶은 일 보다는 하나님이 기뻐하시는 일을 하고 싶습니다. 저는 이제까지 하나님의 심부름꾼으로 살아왔습니다. 앞으로도 하나님이 미션을 주시면 아멘! 하고 순종할 것입니다. 하나님의 꿈이 저의 비전입니다.

저는 늘 하나님께 기도합니다. "하나님의 뜻을 이루는 데 저를 사용해 주시옵소서. 하나님의 영광 도구로만 써 주세요. 주님 나라 갈 때까지 겸손하게 성결하게 살게 하옵소서."

사역자들이 처음 은혜받고 겸손하게 시작하지만, 사역이 커지고 잘되면 교만해지고 욕심이 생기고 유혹에 빠지고 타락하고 죄를 짓습니다. 사탄은 수단과 방법을 가리지 않고 약점을 찾아내서 공격합니다. 그러므로 항상 깨어 기도하고 조금이라도 틈을 주면 안 됩니다.

저는 이제까지 오랜 시간 연단을 받았습니다. 너무 힘들어서 "왜 이렇게 가혹하게 담금질하십니까?"라고 하나님께 물었습니다. 하나님께서 저에게 말씀하셨습니다. "사람들이 어렵게 은사를 받고, 너무 빨리 변질이 된다. 오랜 훈련을 하는 것은 더 귀하게 쓰기 위함이다. 네가 아파보지 않고 어떻게 아픈 사람의 마음을 알겠느냐"라고 하셨습니다.

사역에는 은퇴가 없다

제 나이 이제 70이 다 되어 갑니다. 그러나 아직도 할 일이 많습니다. 하나님의 일에는 은퇴가 없습니다. 교회의 목사는 은퇴할 수 있지만, 사역에는 은퇴가 없습니다. 하나님께서 어느 날 저에게 책을 쓰라는 감동을 주셨습니다. '내가 무슨 책을 쓸까?'라는 생각도 들었지만, 하나님의 계획이 있다는 믿음으로 순종했습니다.

50대까지는 가정에 매여서 살았고, 지금까지는 교회 사역에 매여서 살았습니다. 하나님께서 교회 사역을 그만두라고 하신다면 개인적으로 자유롭게 사역하고 싶습니다. 전도와 선교도 마음껏 하고 싶습니다. 기쁨의 교회에 가는 것은 전도의 여행입니다. 그곳에서 섬기고, 가는 길에도 전도지를 나누며 다닙니다. 역이나 터미널에서도 가방을 들고 다니며 전도합니다. "하나님이 사랑하십니다. 예수 믿고 천국 가세요." 인생에서 가장 큰 선물은 예수 그리스도를 믿는 것입니다.

저의 책을 끝까지 읽어주셔서 감사를 드립니다. 이 책을 통해 하나님의 위로와 치유와 회복이 있기를 기도합니다. 이 책이 나오기까지 수고해주신 모든 분에게 감사를 드립니다. 특히 저에게 성령 목회를 체계적으로 가르쳐 주신 기쁨의 교회 이종선 목사님께 마음 깊이 존경과 사랑을 드립니다.

　제 가족과 형제들에게도 감사를 드립니다. 그리고 함께 동역해 온 열린문교회 성도님들께도 감사를 드립니다. 이 책이 나오기까지 지도해주신 이희준 목사님에게도 감사합니다. 나의 인생의 선한 목자이시며 원더풀 카운슬러 되신 하나님께 모든 영광을 올려드립니다.

2024. 12월

하나님의 심부름꾼 김화분 목사

기도가 만든 어메이징 스토리

지은이/이종선(Samuel Lee)
펴낸이/킹덤북스
가격/17,000원(10% 할인가능)

영남신대 명예신학박사
이종선목사의 사역

1. **치유대성회**: 월1~2회, 주일 저녁~화요일 저녁
   * 성경대로 병든 자를 고치고 귀신을 쫓아내는 치유사역
   * 성령과 능력 받게 하는 성회
   * 2006년 시작 ~ 18년째(2024년 1월 163차 성회) 계속
   * 그리스도군사 세우는 사역
   * 인텐시브코스성회 : 하나님의음성듣기및예언성회, 내적치유성회, 가족치유성회, 사도바울기름부음성회
2. **다니엘비전스쿨**: 다음세대를 일으키는 영적인 학교
   * 전국학생청년 대상 연9회 다니엘캠프 진행
   * 2008년 시작 ~ 16년째(2024년 1월 29차 캠프) 계속
   * 하나님나라의 장학생으로 가르침(회비 무료)
   * 사무엘캠프 : 전국 어린이 대상, 2010년 시작, 14년째 계속
3. **해외선교**
   * 세계각국의 목회자 초청 연1회 국제성령치유컨퍼런스 진행
   * 세계각국에서 치유성회, 다니엘캠프, 사무엘캠프 개최
   * 2023년 10월 현재 21개국에서 성회 개최
4. **저서 및 방송**
   * 저서: 기도가 만든 어메이징 스토리(2022년 5월 출간)
   * 당신도 병을 고치고 귀신을 쫓아낼 수 있다.
   * 치유사역지침서. 성령사역. 하나님의음성듣기및예언
   * 방송: 극동방송 "우리교회좋은교회" 출연.
     CTSTV "우리교회최고" 출연, "샬롬인터뷰" 출연
     GOODTV "능력의기도" 고정출연(2016.4 ~ 2020.5)
5. **온라인방송사역(유튜브방송)**
   * 유튜브에서 '인천기쁨의교회'로 검색
   * 온라인치유성회, 온라인부흥회, 온라인세미나 등

치유성회 문의 및 신청 : 노병희사모(010-9686-0192), 교회(032-219-9191)
기쁨의교회(예장 통합) 홈페이지 : https://www.joyfullchurch.com
기쁨의교회 U-Tube 방송 : "인천기쁨의교회"로 검색
교회주소 : 인천시 부평구 일신로 81(전철 '송내역'에서 10분거리)